Christine Heinze

Frauen auf Erfolgskurs mit Mentoring

HERDER spektrum

Band 5118

Das Buch

Mentoring zur beruflichen Förderung von Frauen hat Konjunktur. Namhafte Unternehmen wie z. B. die Deutsche Telekom AG, Deutsche Bank AG oder Volkswagen AG haben unternehmensinterne Mentoring-Programme eingerichtet. Aber auch Frauen, die an ihrem Arbeitsplatz kein formal eingerichtetes Mentoring-Programm nutzen können, haben Möglichkeiten. Christine Heinze, Young-BPW-Repräsentantin des internationalen Frauen-Netzwerkes „Business and Professional Women" (BPW International) für Europa zeigt, welche: vom „formellen" Mentoring durch eine betriebsinterne oder externe Mentorin oder einen Mentor bis hin zum zum „virtuellen Mentoring" über das Internet, von der längerfristigen Begleitung bis zur eher punktuellen Beratung bei bestimmten Fragen. Mentoring bietet neue Chancen für Berufsanfängerinnen ebenso wie für Umsteigerinnen oder Wiedereinsteigerinnen. Christine Heinze erklärt, wie Frauen eine Mentorin finden und was für eine erfolgreiche Mentoring-Partnerschaft zu beachten ist. Die Erfahrung hat gezeigt, dass beim Mentoring die persönliche Weiterentwicklung einen ebenso hohen Stellenwert besitzt wie die Karriereförderung. Damit beides klappt, sollten MentorInnen und Mentees bestimmte Dinge wissen. Ein Anhang liefert Adressen von Frauennetzwerken. Informationen satt also für Frauen, die wissen: Erfolg ist machbar.

Die Autorin

Christine Heinze, geboren 1969, ist Bankkauffrau und „Relationship Manager" bei der Dresdner Bank. Darüber hinaus engagiert sie sich seit mehr als zehn Jahren für das internationale Frauennetzwerk „Business und Professional Women" (BPW International) mit weltweit rund 200 000 Mitgliedern. Sie gründete „Young BPW" in Deutschland, das sich vor allem an Frauen bis 35 richtet und war selbst sowohl Mentee als auch Mentorin. Über ihre Arbeit berichteten verschiedene überregionale Tageszeitungen sowie Frauenzeitschriften und das Hessische Fernsehen.

Christine Heinze

Frauen auf Erfolgskurs mit Mentoring

So kommen Sie weiter

HERDER

FREIBURG · BASEL · WIEN

Cartoons: Rooma Para / Pakistan

Gedruckt auf umweltfreundlichem,
chlorfrei gebleichtem Papier

Originalausgabe

Alle Rechte vorbehalten – Printed in Germany
© Verlag Herder Freiburg im Breisgau 2002
www.herder.de
Satzgestaltung: DTP-Studio Helmut Quilitz, Denzlingen
Druck und Bindung: fgb · freiburger graphische betriebe 2002
www.fgb.de
Umschlaggestaltung und Konzeption:
R·M·E München / Roland Eschlbeck, Liana Tuchel
Umschlagmotiv: © The Image Bank
ISBN 3-451-05118-4

Im Jahre 1991 kam ich zum internationalen Frauennetzwerk „Business and Professional Women" (BPW International). Genauer gesagt: Ich wurde durch eine Bekannte meiner Mutter mehr zufällig als geplant Clubfrau in der deutschen Sektion BPW-Germany e.V.

BPW wurde 1930 gegründet. Inzwischen ist das Netzwerk in über 100 Ländern vertreten und setzt sich weltweit für die Belange von berufstätigen Frauen ein. Dies geschieht auf politischer Ebene, durch den Austausch untereinander, durch Vorträge und Seminare für die Clubfrauen und das berufliche „Netzwerken".

Ich verdanke BPW eine Vielzahl nützlicher Impulse und neuer Herausforderungen. Dieses Buch ist darum allen BPW-Frauen gewidmet, die mich unterstützt und ermutigt haben und mir Gelegenheit gaben, meinen Horizont zu erweitern.

Dieses Buch basiert auf folgender Überzeugung:

Jeder Mensch befindet sich in einem lebenslangen Lern- und Entwicklungsprozess.

Wir alle können von anderen Menschen und deren Unterstützung lernen und profitieren.

Jeder Mensch ist für seine Weiterentwicklung und seinen Erfolg selbst verantwortlich. Diese Verantwortung sollten wir nicht aus der Hand geben.

Inhalt

Vorwort

Warum Mentoring für Frauen?

In offiziellen Ausbildungsgängen wird viel Wissen und Können erworben, doch um im Berufsleben erfolgreich zu sein, brauchen Frauen noch mehr, nämlich ein Know-how, das sich nicht in Schulen lernen lässt und das in keinem Buch steht. Wo holen wir uns dieses Wissen und Können?

Nur wenige wachsen in Familien auf, wo sie Berufs- und Führungs-Know-how sowie gesellschaftliche Kontakte aus dem Familien- und Bekanntenkreis beziehen können, d. h. Privatlehrerinnen und Privatlehrer oder Mentorinnen und Mentoren gleich mitgeliefert bekommen. Die meisten von uns müssen ihre Mentorinnen oder Mentoren selber suchen. Mehr noch, wir müssen auch erkennen, wann und wo wir Mentoring brauchen und wie wir Mentoring-Beziehungen aufbauen und pflegen.

Das vorliegende Buch zeigt, wie fruchtbare Mentoring-Beziehungen gestaltet werden können. Damit lassen sich im Berufsleben viele Umwege wenn nicht vermeiden, so doch erheblich verkürzen.

Oft erbringen junge Frauen gute, ja ausgezeichnete berufliche Leistungen und meinen, dadurch für höhere Führungsaufgaben „entdeckt" zu werden. Lässt der Ruf in obere Führungsetagen jedoch auf sich warten, interpretieren sie dies oft ganz frauentypisch als Zeichen noch ungenügender Leistungen. Eine gute Mentorin kann hier Abhilfe schaffen. Mir fehlte damals ein solch korrigierender Eingriff, und erst als meine Kollegen, deren mäßige Fähigkeiten ich aus der Studienzeit kannte, sich in den oberen Führungsetagen zu etablieren begannen, merkte ich, dass offensichtlich nicht die Fähigkeiten, sondern das Wissen darüber, wie Berufslaufbahnen sich entwickeln und Beziehungen sich einsetzen lassen, die entscheidenden Kriterien waren, um voranzukommen.

Die Augen dafür wurden mir nicht in den beruflichen Standesorganisationen geöffnet – dort war das Thema Laufbahnentwicklungen tabu –, sondern in einem internationalen Frauennetzwerk. Da ich als junge Frau einen weiten Bogen um alle Frauenorganisationen machte, stieß ich erst mit 40 Jahren auf ein Netzwerk von Berufs- und Geschäftsfrauen, das mich überzeugte. Es war der internationale Verband der „Business and Professional Women", kurz „BPW" genannt. Die beruflichen Aktivitäten der Mitglieder waren hier Hauptthema, und erstmals fand ich mich in einem Kreis, wo über Laufbahnen offen diskutiert und sich ausgetauscht wurde. Für gute Hinweise erfahrener Berufsfrauen hatte auch ich als junge Frau ein offenes Ohr, doch diese Mentorinnen waren nicht da! Im Netzwerk der BPW war ich auf einmal dicht umringt von potentiellen Mentorinnen jeglicher Kompetenz. Ob es um Laufbahnhinweise, juristische Probleme, finanzielle Erfahrungen, Kontakte oder Beziehungen ging – ein Blick in die Runde oder ins Mitgliederverzeichnis genügte, um fündig zu werden. Da es beim Mentoring um individuelles, maßgeschneidertes Lernen geht, sind Netzwerke die allerbesten Mentorinnen-„Quellen". Mehr noch, durch Gespräche in Netzwerken kommt frau auch in den Genuss von Wissen, von dem sie gar nicht weiß, dass sie's nicht weiß und es daher gar nicht erfragen kann.

Wenn Daniel Goleman in seinem Buch „Working with Emotional Intelligence" mit Untersuchungen belegt, dass nicht die akademische Intelligenz allein, sondern vielmehr die emotionale Intelligenz über eine erfolgreiche berufliche Laufbahn entscheidet, lässt dies aufhorchen. Im Gegensatz zur intellektuellen Intelligenz kann die emotionale Intelligenz lebenslänglich und z. B. im Berufsleben entwickelt werden. Es liegt daher nahe, dass engagierte Berufsfrauen Mentoring auch für den Aufbau ihrer emotionalen Intelligenz nutzen.

Der vorliegende Leitfaden zeigt Ihnen eine reiche Vielfalt von Möglichkeiten. Je nach Lust und Laune und abgestimmt auf Ihren Charakter werden Sie sich den Formen zuwenden, die ihrer individuellen Art am besten entsprechen. Frauen brauchen „Info- und Know-how-Börsen" heute noch viel dringender als Männer, denn letztere weihen ihren Nachwuchs viel selbstverständlicher in die Kunst der Laufbahnentwicklung ein. Dazu genügt es z. B., den Gesprächen von Geschäftsleuten in den Erster-Klasse-Abteilen von Intercity-Zügen zuzuhören: „Wenn du in die Firma X reinkommen willst, musst du über Herrn Y gehen, er ist die graue Eminenz und treffen kannst du ihn bei Anlässen der Handelskammer", oder: „Der Marketingchef der Firma Y will Zahlen sehen, mit schönen Worten und hübschen Präsentationen machst du ihn misstrauisch!", oder: „Wenn du die wichtigsten Leute im Bereich X kennen lernen willst, besuchst du am besten den Kongress Z."

Mentoring wird künftig noch in einem anderen Zusammenhang eine wirkungsvolle Lernform sein: Ist Ihnen schon aufgefallen, dass Verhaltensweisen in Führungsetagen oft mehr mit Fortpflanzungsverhalten zu tun haben als mit einem intelligenten Führungsverhalten? Ich denke hier nicht an sexuelle Affären am Arbeitsplatz, sondern an typisches Männerverhalten wie Imponieren, Hackordnungen erstellen, unangemessene Hierarchien etablieren, kompetitives Verhalten per se praktizieren, wenig Verständnis für nachhaltige Entwicklungen aufbringen usf. Und ich denke ebenso an typisches Verhalten von Frauen, wie etwa, sich ins sichere zweite Glied zurückziehen, sich auf Arbeiten in kleinen und überblickbaren Kreisen konzentrieren, vor der Überschreitung von Grenzen zurückschrecken, Anliegen nicht kurz und bündig auf einen Punkt bringen können usf. Der Homo sapiens ist jedoch seinen an bestimmte biologische Aufgaben angepassten Verhaltensweisen nicht einfach ausgeliefert; er kann sie „überformen" und intelligentes und angemessenes Führungsverhalten praktizieren! Mentoren und Mentorinnen, die sich dieser Zusammenhänge bewusst sind, können ihre Mentees darauf aufmerksam machen und damit deren berufliche Lebensqualität beträchtlich erhöhen.

Muss frau in Mentoringbeziehungen auch eine gesunde Vorsicht walten lassen? Ich kenne eine Reihe ausgezeichneter Mentoren, aber auch einige, die gerne junge Frauen um sich haben und von ihrer sehr guten und zuverlässigen Arbeit profitieren, aber nicht ernsthaft daran denken, sie wirklich zu fördern. Junge Frauen sollten auch den Grundsatz im Auge behalten: „Sexuelle Kontakte sind nicht Teil eines Mentorenverhältnisses." Es ist unglaublich, wieviel Schaffenskraft von Liebeskummer und Enttäuschungen verschlungen wird, wenn frau hier unklug handelt. Da frau über diese Erfahrungen höchstens mit engsten Freundinnen spricht, kommt die Tragweite dieser Tatsache nicht ans Tageslicht. Oft erleben Frauen mit derartigen Erfahrungen, wie ihre „Nachfolgerinnen" in dieselbe Falle tappen, und eine Warnung wird ihnen nicht selten mit der Antwort gedankt: „Sind Sie etwa eifersüchtig?"

Das Buch wird sie nicht davor bewahren können, Ihre eigenen, auch schmerzlichen Erfahrungen zu machen. Es zeigt jedoch, wie Mentorinnen oder Mentoren gefunden werden können, die z. B. auch Mut machen, gerade dann nicht aufzugeben, wenn Sie's am liebsten tun würden. Nicht Sturheit, aber Standvermögen und

Ausdauer sind entscheidende Fähigkeiten, um sich im Berufsleben entwickeln zu können. Üben Sie diese Ausdauer gleich in Ihren Mentoring-Beziehungen, denn vergessen Sie nicht, dass *Sie* es sind, die etwas von der Mentorin wollen, und nicht umgekehrt!

Dr. Antoinette Rüegg
1. Vizepräsidentin BPW-International
DAR Potentialentwicklung, Zürich

Einführung

Wir leben in einer Wissensgesellschaft: Bestimmte Kenntnisse, ein jeweils spezifisches Wissen qualifizieren uns für eine berufliche Tätigkeit. Die „Halbwertszeit", d. h. die Aktualität von Wissen und der zeitliche Wissensvorsprung werden durch die stetige Weiterentwicklung der Informationstechnologie immer kürzer. Wir müssen unser Wissen also ständig erweitern. Die einmal erlangten Fähigkeiten und der einmal erreichte Wissensstand müssen immer wieder aktualisiert, Neues muss hinzu erworben werden. Aus- und Weiterbildung werden damit zu einer lebenslangen Aufgabe. Die Bereitschaft, ständig Neues hinzuzulernen und die Fähigkeit, sich auf Veränderungen einzustellen, werden in Zukunft noch weiter an Bedeutung gewinnen. Menschen werden immer häufiger nicht nur einen, sondern mehrere verschiedene Berufe erlernen und ausüben. Die persönlichen Erfahrungen und Erlebnisse, die sie dabei machen, sind eine Form von Wissen, die nicht veraltet.

Unternehmen und Organisationen werden sich in Zukunft permanent verändern und verändern müssen, um überlebens- und wettbewerbsfähig zu bleiben. Für nahezu jeden Menschen werden sich daher im Laufe seines Lebens Situationen ergeben, in denen eine Neu- und Umorientierung angesagt ist. Das ist einfacher mit der Hilfe eines erfahrenen Partners – einer Mentorin oder eines Mentors –, der beratend zur Seite steht.

Auch das Hin- und Hergerissen-Sein zwischen entgegengesetzten Bedürfnissen wie etwa dem nach Sicherheit und Vertrautheit einerseits und dem Reiz einer ganz neuen beruflichen Erfahrung andererseits oder dem Wunsch nach Bindung an ein Unternehmen einerseits und dem nach Freiheit andererseits lässt sich im Dialog mit einer Mentorin, einem Mentor besser reflektieren und ins Gleichgewicht bringen.[1]

Versteht man Mentoring in diesem Sinne, kann grundsätzlich jeder – unabhängig von Lebensalter und Ausbildung – sowohl Mentor oder Mentorin[2] (fördernde Person) als auch Mentee (Person, die gefördert wird) sein. Entscheidend für eine funktionierende Mentoring-Partnerschaft sind die so genannten sozialen Kompetenzen und die persönlichen Fähigkeiten der Mentoring-Partnerinnen.

Informationen zum Thema Mentoring gehen daher nicht nur die Initiatorinnen und Projektleiterinnen von „offiziellen" Mentoring-Programmen für Frauen etwas an: In den Genuss solcher Programme gelangt erfahrungsgemäß nur eine begrenzte Anzahl von Frauen. Nur wenige Unternehmen – in der Regel Großunternehmen und Organisationen – bieten überhaupt „offiziell" Mentoring an. Gerade in Deutschland stellt der Mittelstand die größte Anzahl an Arbeitsplätzen – und gerade im Mittelstand sind bislang Mentoring-Programme als Instrument der Personalentwicklung eher selten anzutreffen. Der großen Anzahl von Frauen, die in mittelständischen Unternehmen arbeiten und den Frauen, die zwar in einem Großunternehmen arbeiten, aber die Auswahlkriterien für ein Mentoring-Programm nicht erfüllen, ist damit bislang die Möglichkeit versagt, an einem solchen durch den Arbeitgeber initiierten Programm teilzunehmen.

---

[1] Vgl. dazu Evelyn Kroschel, Die Weisheit des Erfolgs, München (Kösel) 1996.

[2] In diesem Buch soll gezeigt werden, wie Frauen Mentoring für sich nutzen können – als Mentee oder als Mentorin. Im Folgenden wird daher meist von „Mentorinnen", „Mentoring-Partnerinnen" usw. die Rede sein – es sei denn, es geht ausdrücklich um die Unterschiede zwischen Mentorinnen und Mentoren.

Meine ehrenamtliche Tätigkeit im Frauen-Netzwerk „Business and Professional Women – Germany" (BPW-Germany e.V.) und die Koordinierung des dortigen Mentoring-Programms haben mir deutlich gemacht, dass weit mehr Frauen eine Mentoring-Partnerschaft anstreben, als es Mentoring-Programme gibt. Dieses Buch richtet sich daher gezielt an Frauen, die selbst eine für sie sinnvolle Mentoring-Partnerschaft initiieren wollen – ganz gleich ob als Schülerin, Studentin, Berufsanfängerin, -aufsteigerin, -umsteigerin und Wiedereinsteigerin einerseits oder als berufserfahrene Frauen, die ihre Kenntnisse weitergeben möchten, andererseits.

Zu Anfang möchte ich erklären, was Mentoring ist, wie es sich entwickelt hat und wer es nutzen kann. Im zweiten Kapitel werde ich die Vor- und Nachteile der unterschiedlichen Konzepte von Mentoring beleuchten, damit Sie einschätzen können, welches Konzept für Sie passend sein könnte. Im Anschluss sollen unterschiedliche Bereiche, z. B. Politik und Wirtschaft, beschrieben werden: Warum und in welcher Form ist gerade dort Mentoring sinnvoll? Das vierte Kapitel beschäftigt sich mit den Vorteilen und Chancen für die Mentorin und die Mentee und damit, welche Rolle und Funktion beide innerhalb der Mentoring-Partnerschaft einnehmen. Daran anschließend soll ein genauerer Blick auf die unterschiedlichen Entwicklungsstadien der Karriere und ihre Besonderheiten in Bezug auf Mentoring geworfen werden.

Im sechsten Kapitel erfahren Sie, wie man eine Mentoring-Partnerschaft vorbereiten kann und welche Phasen diese Partnerschaft üblicherweise durchläuft: So können Sie für sich selbst eine sinnvolle Mentoring-Strategie entwickeln und eine oder mehrere geeignete Mentorinnen finden. Danach folgen Beispiele geplanten und ungeplanten Mentorings (denn das gibt es auch!).

Als regelmäßige Leserin von Ratgebern in Buchform habe ich immer wieder erlebt, dass ich einige Wochen oder Monate nach der Lektüre wichtige Aussagen, die ich noch einmal nachlesen wollte, nicht mehr wiederfand. Damit Ihnen nicht dasselbe passiert, sind in den Kapiteln 10 und 11 die wichtigsten Aussagen jeweils für Mentorinnen und Mentees schlagwortartig zusammengefasst.

Am Schluss finden Sie Adressen von verschiedenen Mentoring-Programmen und Projekten, Netzwerken, Expertinnenberatungs-netzen und „Mentoring-Agenturen" sowie Literaturempfehlungen für karrierebegleitende Bücher und Quellenangaben für die von mir verwendeten Bücher.

Dieses Buch richtet sich speziell an Frauen: Historisch gesehen steht derzeit die am besten ausgebildete Frauengeneration aktiv im Berufsleben. Dennoch haben Frauen bislang nicht in einer ihrem Bevölkerungsanteil entsprechenden Weise Anteil an öffentlichen Entscheidungsprozessen in Politik, Wirtschaft und Verwaltung.

Um die dafür notwendigen, verantwortlichen Positionen zu erreichen, scheinen außer einer guten Ausbildung und guten Noten noch andere Attribute und Fähigkeiten vonnöten zu sein. Nach einer 1998 von Prof. Dr. Katrin Hansen und Gisela Goos an der Fachhochschule Gelsenkirchen durchgeführten Studie zu „Situation, Verhaltensweisen und Perspektiven von Führungsfrauen in der Wirtschaft" werden neun von zehn Männern von ihren Vorgesetzten gefördert, aber nur jede zweite Frau. Das zeigt ganz klar: Es gibt eine Lücke in der beruflichen Förderung von Frauen. Zusätzlich zeigt sich immer wieder, dass Frauen gerade wegen der bereits vorhandenen Strukturen nicht weiterkommen oder ausgebremst werden. Mentoring bietet die Möglichkeit, diese strukturellen und informellen Hindernisse zu überwinden. Mit diesem Buch möchte ich dazu einen Beitrag leisten.

Kapitel 1
Mentoring – was ist das eigentlich?

Kurz gesagt: Mentoring ist eine Förderbeziehung zwischen zwei Personen, die sich auf unterschiedlichen Erfahrungs- und Hierarchieebenen befinden.

Mentoring für Frauen bedeutet: Berufsanfängerinnen, -umsteigerinnen oder auch Wiedereinsteigerinnen werden in beruflichen Fragen von erfahrenen Kolleginnen oder Kollegen aus dem eigenen Unternehmen oder aus einer anderen Firma unterstützt. Der Mentor oder die Mentorin fördert dabei auch die persönliche Weiterentwicklung der Mentee. Sie bildet die Basis für den weiteren Aufbau der Karriere.

Beim Mentoring werden nicht nur berufliche Fragen wie etwa der Umgang mit Mitarbeitern und Kunden besprochen oder auch die Art, wie frau sich in ihrem Unternehmen präsentieren sollte. Weitergegeben werden vielmehr auch all die Erfahrungen, die man im Laufe der Berufstätigkeit quasi „nebenbei" macht. Solche Informationen sind keineswegs unwichtig – es gibt aber in der Regel keine Bücher darüber.

Für wen ist eine Mentoring-Partnerschaft sinnvoll?

Mentoring eignet sich grundsätzlich für jede Frau, die sich verändern möchte und dazu neue Impulse von außen benötigt. Auch das Abstimmen von Eigenbild – das Bild, das jede von sich selbst hat – und Fremdbild – das Bild, das andere von Ihnen haben – ist mit Hilfe von Mentoring möglich. Der vorliegende Ratgeber richtet sich daher ebenso an Schülerinnen und Studentinnen wie auch an Berufsanfängerinnen und Frauen, die schon eine Weile berufstätig sind – unabhängig von Alter und Ausbildung. Für sie alle kommt Mentoring in Frage.

Nur die jeweilige Zielsetzung ist eine andere und benötigt eine individuelle Definition und Vorgehensweise. Die individuelle Durchführung richtet sich auch danach, in welchem Bereich die Mentee tätig ist oder gerne tätig sein möchte. Wir werden später genauer sehen, dass es beim Mentoring gerade auch auf das Verstehen von und das Agieren in bestimmten Strukturen ankommt. Diese Strukturen und der Umgang mit ihnen können beispielsweise in der Politik ganz anders geartet sein als in der Wirtschaft. Individuell bedacht werden muss auch die Frage, ob die Förderung besser durch eine Mentorin oder einen Mentor erfolgen soll.

Woher stammt der Begriff „Mentoring"?

Der Begriff „Mentoring" geht zurück auf die griechische Mythologie. Als Odysseus in den Trojanischen Krieg zog, bat er den griechischen Gelehrten Mentor, sich während seiner Abwesenheit der Erziehung seines Sohnes Telemachus zu widmen. Mentor war für Telemachus Berater, Erzieher, Vaterfigur, Vertrauter und Lehrer. Darüber hinaus führte Mentor ihn in die Gesellschaft ein und stellte seine Erfahrungen und Kontakte in den Dienst der Ausbildung sowie der Persönlichkeitsentwicklung Telemachus'.

Diese erste Mentorenschaft in der griechischen Antike wurde in den folgenden Jahrhunderten in den „Old-Boys-Networks" stetig verfeinert, um das Hineinwachsen der in der Regel jungen Männer in eine immer komplexer werdende Arbeitswelt zu erleichtern. Die ungeschriebenen Gesetze eines Unternehmens oder einer Organisation bieten schließlich genügend Fallstricke, um dem ambitionierten Nachwuchs den Aufstieg zu vereiteln. Das

Vermitteln von Kontakten und von Informationen über Aufstiegsmöglichkeiten tut ein Übriges für das Weiterkommen. Für unsere Gegenwart gilt, dass eine solche Art von Förderung und das daraus entstehende Netzwerk komplexe und unüberschaubare Strukturen leichter fassbar macht und informelle Kommunikationsstrukturen auch zwischen den verschiedenen Bereichen, z. B. Wirtschaft und Politik, herstellt. Frauen sind von diesen Strukturen, informellen Kontakten und dieser Art von Unterstützung bisher weitgehend ausgeschlossen. Dabei machen es die ungeschriebenen Regeln und unsichtbaren Barrieren gut ausgebildeten Frauen oft so schwer, im Beruf adäquate Positionen zu erreichen und das gleiche Gehalt zu beziehen wie ihre männlichen Kollegen.

Damit sich das ändert, wurden in den vergangenen zehn Jahren zunächst in den USA und in Skandinavien und mittlerweile auch in Deutschland verschiedene formelle unternehmensinterne und externe Mentoring-Programme initiiert. Leider ist die Gruppe der potentiellen Teilnehmerinnen auf die Mitarbeiterinnen der teilnehmenden Unternehmen und Organisationen begrenzt, und in der Regel wird nur eine geringe Anzahl von Frauen auf diese Weise gefördert.

Mentoring ist im angelsächsischen Raum mittlerweile – sowohl für Männer als auch für Frauen – ein respektierter und allgemein anerkannter Teil der beruflichen Kultur.

Mit den Zeiten ändern sich auch die Mythen …

Mentoring: für Frauen besonders wichtig

Mentoring kann den Zugang zu informellen Strukturen erleichtern oder überhaupt erst ermöglichen und macht es einfacher, sich innerhalb dieser Strukturen zu bewegen. Frauen können durch Mentoring Informationen beziehen, Rollenvorbilder finden, Rollen selbst ausprobieren, sich präsentieren und durch Kontakte zur Führungsebene die Scheu vor der Hierarchie verlieren und sich damit den Weg nach oben ebnen.

Mentoring bedeutet eine Abkehr von der bisherigen Form der Frauenförderung: Es ist nicht auf die Defizite der Frauen – als Randgruppe – fokussiert, sondern stellt ihre anerkannten Kompetenzen und Fähigkeiten und deren Entwicklung in den Vordergrund.

Zu Ihrer Übersicht habe ich die wichtigsten Charakteristika für und über Mentoring in folgende drei Kategorien untergliedert.

Art der Beziehung:

- Mentoring ist eine Beziehung / Partnerschaft, die durch Achtung, Respekt und Vertrauen geprägt ist.
- Mentoring ist ein Prozess.
- Die Mentoring-Partnerschaft ist eine geschützte Beziehung, in der experimentiert werden kann.
- Diskussion und Herausforderung sind möglich – ohne Konsequenzen.
- Von der Mentoring-Partnerschaft profitieren sowohl Mentorin als auch Mentee. Mentoring ist also keine „Einbahnstraße".

Möglichkeiten, die die Mentoring-Beziehung bietet:

- eigene Fähigkeiten erkennen und wahrnehmen,
- „Selbst-Marketing" betreiben: die eigenen Kompetenzen und Eigenschaften einsetzen und andere davon wissen lassen,

- verschiedene Rollenmodelle finden und ausprobieren,
- Strategien bewusst planen und ausprobieren,
- Karriere- und Lebensplanung zum Gesprächsthema machen,
- Risiken bei der Karriereplanung minimieren,
- Meilensteine setzen und erreichen,
- potentielle Fähigkeiten weiterentwickeln,
- gegenseitiger Austausch, Weitergabe von Erfahrungen,
- neue und andere Lösungsmöglichkeiten und Perspektiven finden,
- durch gezielte Fragen an die gewünschten Informationen kommen,
- um Unterstützung bitten und diese annehmen.

Ziele des Mentoring:

- persönliche Weiterentwicklung durch gezielte Fragestellungen,
- die unterschiedlichen Kompetenzen beider Partnerinnen nutzen,
- fachliche Weiterentwicklung durch gezielte Aufgaben, Zielvorgaben und die Übernahme von Projekten,
- Karriereplanung,
- die Beziehungen im beruflichen Umfeld professionell gestalten,
- lernen zu lernen,
- ein eigenes Netzwerk auf- und ausbauen,
- lernen, sich in Zukunft selbst Mentorin zu sein.

Die Mentoring-Beziehung bietet beiden Partnerinnen die Möglichkeit, die Perspektive zu wechseln.

Was unterscheidet Mentoring von Coaching?

- Die Mentorin vermittelt keine Theorie, sondern selbst erworbene und praktizierte Erfahrungen, persönliches Wissen, Vorgehensweisen und Strategien.
- Die Mentorin vermittelt ihr Wissen und ihre Erfahrungen in der Regel auf ehrenamtlicher Basis.
- Die Aufgaben, Tätigkeiten und Funktionen einer Mentorin sind im Allgemeinen weiter gefasst als die eines Coaches.
- Mentoring ist Austausch auf persönlicher Ebene.

Was ist „Shadowing" im Unterschied zu Mentoring?

- Beim „Shadowing" sind Mentee und Mentorin einander enger zugeordnet: Die Mentee begleitet die Mentorin für mehrere Wochen oder Monate jeden Tag „wie ein Schatten" in ihrer Berufstätigkeit.
- Die Mentee arbeitet in dieser Zeit an einem Projekt, im Team oder in der Abteilung der Mentorin mit.
- „Shadowing" ist einem Praktikum sehr ähnlich – der Unterschied ist der intensive Austausch und Kontakt zur Mentorin.

„Shadowing" wird praktiziert z. B. im Mentoring-Projekt der „Europäischen Akademie für Frauen in Politik und Wirtschaft Berlin e.V."

Kapitel 2
Die Vielfalt des Mentoring

Der Begriff „Mentoring" wird zunehmend bekannter. Immer häufiger wird in Zeitschriften und Zeitungen darüber berichtet. Mentoring wird dort jeweils in den unterschiedlichsten Zusammenhängen und Formen beschrieben und dargestellt. Tatsächlich gibt es mehrere verschiedene Formen von Mentoring. Sie sollen im Folgenden jeweils kurz beschrieben werden.

Förderung von innen oder von außen: unternehmensinternes, unternehmensübergreifendes und unternehmensexternes Mentoring

Unternehmensinterne formelle Programme

Bei unternehmensinternen Mentoring-Programmen gehören Mentorinnen und Mentees dem gleichen Unternehmen an. Mentoring innerhalb eines Unternehmens ist ein Instrument der Personalführung, das bewusst eingesetzt werden sollte. Internes Mentoring bietet sowohl dem Unternehmen, der Mentorin als auch der Mentee Chancen, birgt aber auch Risiken.

Das Unternehmen kann durch Mentoring festgefahrene Strukturen bewusst aufbrechen. So können sich die firmeninterne Kommunikation und die ihr zugrunde liegenden Hierarchie-Gesetze positiv verändern. Durch den Austausch zwischen Mentorin und Mentee werden die sonst üblichen Kommunikationswege außer

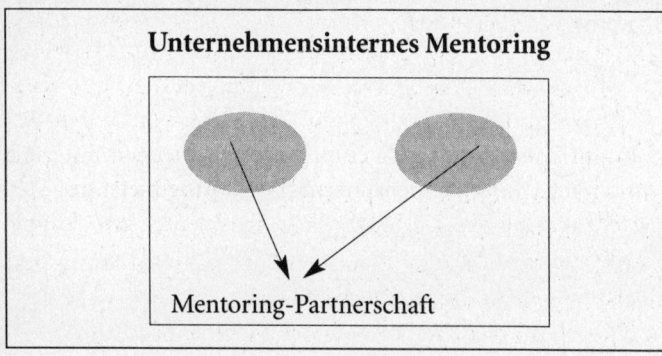

Unternehmensinternes Mentoring

Mentoring-Partnerschaft

Kraft gesetzt und umgangen. Informationen sind leichter und direkter zugänglich. Dadurch, dass Mentees im Rahmen des Mentoring-Programms Projekte übernehmen, die bislang noch nie von einer Person diesen Alters, dieser Erfahrung und Hierarchiestufe durchgeführt wurden, können Strukturen „aufgeweicht" werden und die Mentee hat die Möglichkeit zu zeigen, was sie kann.

Die Vorteile für die Mentorin bestehen darin, dass sie sich eine Gruppe von guten internen Nachwuchskräften aufbaut, auf die sie zurückgreifen kann, wenn im eigenen Bereich Bedarf besteht. Sie erhält von der Mentee direkte, ungefilterte Informationen aus dem Unternehmen, die ihr bei Entscheidungen hilfreich sein können. Sie wird im Unternehmen als kompetente Führungskraft und Vorbild wahrgenommen und kann sich in der Betreuung der Mentee als solche darstellen. Mentoring bietet der Mentorin also gute Möglichkeiten in puncto Marketing in eigener Sache.

Für die Mentee bestehen die Vorteile der Mentoring-Partnerschaft ebenfalls darin, dass ihr Informationen direkter als zuvor zugänglich werden. Daneben kann sie die von der Mentorin hergestellten internen Kontakte nutzen, die eine ganz andere Wertigkeit haben als Kontakte außerhalb des Unternehmens. Die Mentee wird als jemand, der als „förderungswürdig" betrachtet wird, im Unternehmen erkennbar – das ist ein wichtiger Vorteil gegenüber externen Mentoring-Programmen. Ganz offiziell Mentee zu sein kann positiv auf Entscheidungsträger innerhalb des eigenen Unternehmens wirken. Unternehmensinternes Mentoring bietet der Mentorin darüber hinaus die Möglichkeit, die Mentee ganz konkret auf Fallstricke, Karrierehindernisse und „Do's und Dont's" innerhalb des Unternehmens hinzuweisen.

Allerdings können diese Vorteile sich auch in Nachteile verwandeln:

Arbeiten Mentorin und Mentee im selben Unternehmen, kann es passieren, dass sich die nötige Offenheit beim Informationsaustausch nicht einstellt. Beide Beteiligten haben vielleicht Bedenken, dass die ausgetauschten Informationen jetzt oder später zu negativen Konsequenzen für andere oder für sich selbst führen können. Das ist besonders häufig der Fall, wenn Mentorin und Mentee einander hierarchisch und organisatorisch zu nahe stehen. Daher ist es in flachen Hierarchien und mittelständischen Unternehmen besonders schwierig, interne Mentoring-Programme im eigentlichen Sinne erfolgreich zu etablieren.

Für das Unternehmen ist es wichtig, dass das Mentoring-Programm als Instrument zur Förderung des Führungsnachwuchses kommuniziert wird und dass sich die Führungskräfte mit dem Sinn und Zweck des Programms identifizieren, damit es nicht zu Fehlinterpretationen kommt. Auch die Auswahl der MentorInnen ist zu hinterfragen, denn nicht jede Führungskraft ist von vornherein eine geeignete Mentorin. Führungskräfte, die grundsätzlich als MentorIn geeignet sind, sich aber nur durch das Drängen der Personalabteilung oder durch Gruppendruck dieser Aufgabe annehmen, sind nicht unbedingt die idealen MentorInnen.

„Cross-Mentoring"

„Cross-Mentoring" werden Mentoring-Programme genannt, die von verschiedenen Unternehmen gemeinsam initiiert werden. Es handelt sich also um unternehmensübergreifendes Mentoring. Mentorin und Mentee sind in unterschiedlichen Unternehmen angestellt, aber die Konzeption und die Vermittlung der Beteiligten erfolgen weiterhin über die für die Einzelne zuständige Personalabteilung des jeweiligen Unternehmens.

Durch „Cross-Mentoring"-Programme lassen sich die oben für das unternehmensinterne Mentoring genannten Nachteile weitgehend ausschalten. Ein weiterer Vorteil von „Cross-Mentoring" besteht darin, dass die Beteiligten die Möglichkeit erhalten, „über den Tellerrand zu schauen", denn die beteiligten Unternehmen gehören unterschiedlichen Branchen an. (Zu persönlichen Erfahrungen von Frauen mit „Cross-Mentoring" vgl. Kapitel 8.)

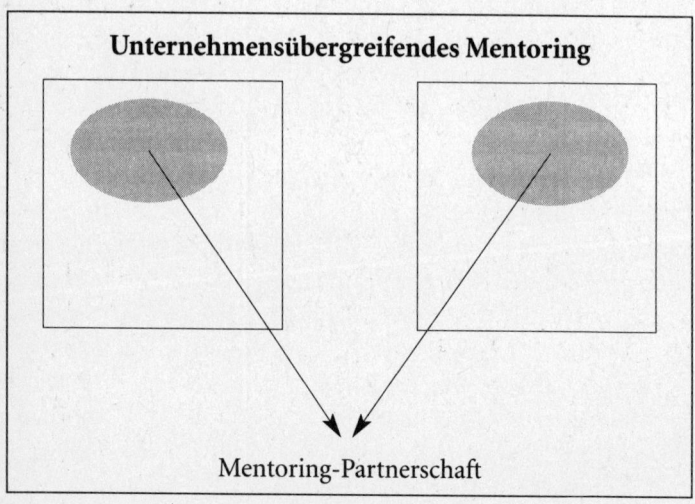

Unternehmensübergreifendes Mentoring

Mentoring-Partnerschaft

Leider stehen sowohl unternehmensinterne wie auch unternehmensübergreifende Mentoring-Programme nur einer begrenzten Anzahl von Personen zur Verfügung, da die erste Grundvoraussetzung für eine Teilnahme die Zugehörigkeit zu einem der beteiligten Unternehmen ist. In einigen Unternehmen ist darüber hinaus ein bestimmter Zeitraum der Zugehörigkeit zum Unternehmen Voraussetzung für die Teilnahme. Darüber hinaus sind die zur Verfügung stehenden Kapazitäten – sprich: Mentorinnen und Mentoren – in den Unternehmen begrenzt.

Externe Mentoring-Programme

Die Vorteile externer Mentoring-Programme, die von Organisationen und Verbänden durchgeführt werden, also nicht von den Unternehmen ausgehen, bestehen in der größeren Offenheit und organisatorischen sowie hierarchischen Unabhängigkeit der Mentoring-Partner. Andererseits können der Mentee bei dieser Form des Mentorings keine unternehmensspezifischen Informationen, Hinweise und Kontakte zur Verfügung gestellt werden.

Alle anderen vorteilhaften Aspekte des Mentorings kommen jedoch auch hier zum Tragen: Mentorin und Mentee haben die Möglichkeit, Kontakte außerhalb des eigenen Unternehmens herzustellen; sie können ihre unterschiedliche berufliche Situation miteinander besprechen; die Mentorin kann der Mentee ihre Erfahrungen über verbreitete Karrierehindernisse vermitteln und sie bei der Berufs- und Karriereplanung unterstützen.

Branchenabhängiges und branchen-unabhängiges Mentoring

Die Mentorin stammt aus der gleichen Branche

In mittelständischen Unternehmen ist es unter Umständen schwierig, interne Mentoring-Programme durchzuführen – die Gründe dafür wurden weiter oben bereits genannt. Um dennoch Mentoring-Partnerschaften zu ermöglichen, bei denen den Mentees branchenspezifische Kontakte und Informationen vermittelt werden, kann auf Mentorinnen aus einem anderen Unternehmen der gleichen Branche zurückgegriffen werden.

Margret Tewes setzt in ihrem Projekt KIM (Kompetenz im Management), das sich der Entwicklung von Führungskräften verschrieben hat, klar auf die branchengleiche Zusammensetzung der Mentoring-Partnerschaften. Diese Vorgehensweise soll das modellhafte Lernen und den branchenspezifischen, fachlichen Austausch gewährleisten.

KIM richtet sich gezielt an Frauen aus mittelständischen Unternehmen und wird im Ministerium für Frauen, Jugend, Familie und Gesundheit des Bundeslandes Nordrhein-Westfalen finanziell unterstützt (Adresse siehe Adressteil).

Die Mentorin stammt aus einer anderen Branche

Veronica Biong, Projektleiterin für Mentoring in Norwegen, erklärte mir im Gespräch, warum ihr Ansatz zur Zusammenstellung der Mentoring-Partnerschaften grundsätzlich auf der Gegensätzlichkeit der Mentorinnen und der Mentees beruht. Mentorin und Mentee sind in der Regel in unterschiedlichen Branchen oder Sektoren tätig. So kann z.B. die Mentorin aus der Privatwirtschaft kommen, während die Mentee im Öffentlichen Dienst oder in der Verwaltung arbeitet.

Sowohl die Mentorin als auch die Mentee müssen sich also auf das ganz andere Umfeld der Mentoring-Partnerin und die daraus resultierenden anderen Denkweisen einlassen. Der Horizont beider Partnerinnen wird dadurch erweitert. Veronica Biong ist der Überzeugung, dass es für beide Mentoring-Partner inspirierend ist, Erfahrungen aus dem jeweils anderen Bereich kennen zu lernen, diese zu reflektieren und sie sich gegebenenfalls anzueignen. In den Projekten, die von Veronica Biong initiiert und betreut werden, versucht sie die Partner so zu mischen, dass eine Gegensätzlichkeit und inhaltliche Vielfalt (Diversity) entsteht. Daraus entwickelt sich in der Regel ein erhöhtes Verständnis füreinander.

Der Hauptnutzen und das vorrangige Ziel von Mentoring bestehen für Veronica Biong in der Persönlichkeitsentwicklung und Karriereplanung der Mentee. Das Vermitteln spezieller Kontakte und branchenspezifischer Fähigkeiten sieht die demgegenüber eher an zweiter Stelle. Veronica Biong initiiert und betreut in Norwegen Mentoring Initiativen und Projekte im Auftrag von Unternehmen und des Öffentlichen Dienstes. Sie übernimmt die Vermittlung der MentorInnen und die Betreuung der Mentoring-Partner während des Mentoring-Prozesses (Adresse siehe Adressteil).

Was ist besser: ein Mentor oder eine Mentorin?

„Cross-Gender-Mentoring"

Beim „Cross-Gender-Mentoring" ist der Mentor ein Mann und die Mentee eine Frau. Diese Konstellation hat unter anderem den Vorteil, dass ein Mentor die Spielregeln der Männer kennt und beherrscht und sie der Mentee weitergeben kann. Erfahrungsgemäß lassen sich diese spezifischen Spielregeln nur durch und mit Männern kennen lernen. Allerdings können Frauen oft Tipps und Hinweise von Männern nicht unmittelbar für sich übernehmen. Dieser Tatsache sollte sich jede Mentee bewusst sein, wenn sie ihre neuen Kenntnisse in die Praxis umsetzt. Was bei Männern akzeptiert wird, kann bei Frauen als besonders aggressiv, „zickig" oder unprofessionell wahrgenommen werden. Frauen erreichen mit Vorgehensweisen, die von Männern erfolgreich eingesetzt werden, so unter Umständen das Gegenteil dessen, was sie wollen. So werden etwa lautes Diskutieren oder das Heben der Stimme, um Ärger auszudrücken, im beruflichen Umfeld bei Frauen oft als unsozial und unprofessionell empfunden – sowohl von Männern als auch von Frauen.

Problematisch ist es auch, wenn aus der Sympathie, die eine wichtige Komponente der Mentoring-Partnerschaft ist, mehr wird. Das ist nie ganz auszuschließen. Um dem vorzubeugen, sollte von Anfang an eine sachlich orientierte und durchgeführte Mentoring-Partnerschaft angestrebt werden, um mögliche Missverständnisse auf beiden Seiten zu vermeiden. Vor diesem Hintergrund ist zu überlegen, ob die Mentoring-Treffen grundsätzlich nur im Büro des Mentors oder der Mentee stattfinden sollten anstatt in privater Atmosphäre, z. B. in einem Restaurant.

Nicht vergessen werden sollte auch, dass Gerüchte, die Mentee habe ihre Karriere anderen Ursachen als rein fachlichen zu verdanken, sowohl der Mentee als auch dem Mentor schaden. Auch darum ist es sehr wichtig, dass die Mentoring-Partnerschaft formalisiert wird, damit die Beziehung zwischen Mentor und Mentee – sei es aus Unkenntnis oder Neid – von Kollegen nicht als etwas anderes eingestuft wird, als sie tatsächlich ist. In offiziellen unternehmensinternen Mentoring-Programmen ist es daher besonders wichtig – wie weiter oben beschrieben –, Mentoring als Instrument zur Förderung des Führungsnachwuchses zu kommunizieren und zu verdeutlichen.

Ein weiterer Aspekt, der beim „Cross-Gender-Mentoring" bedacht werden sollte, ist die Reaktion der jeweiligen Lebenspartner von Mentor und Mentee. Es ist wichtig, dass die Partnerin des Mentors und der Partner der Mentee verstehen, wie die Mentoring-Beziehung abläuft und worum es dabei geht. Missverständnisse und eine eventuelle Abwehr von Seiten der Partner könnten den gesamten Mentoring-Prozess und seinen Erfolg in Frage stellen.

Wenn diese Risiken ausgeschlossen werden, kann aus der Beziehung zwischen Mentor und Mentee eine erfolgreiche berufliche Partnerschaft werden, in der dem männlichen Part die Schwierigkeiten unmittelbar bewusst werden, mit denen Frauen im Beruf konfrontiert sind. Langfristig kann „Cross-Gender-Mentoring" dazu beitragen, das Verständnis zwischen beiden Geschlechtern im Beruf zu verbessern.[3]

---

[3] Vereinzelt kommt „Cross-Gender-Mentoring" auch in der umgekehrten Form vor: Eine Frau ist Mentorin, ein Mann Mentee. Noch ist diese Konstellation allerdings so selten, dass hier nicht weiter darauf eingegangen werden soll.

Mentoring von Frau zu Frau

Die Vorteile einer Mentoring-Beziehung zwischen Frauen liegen unter anderem darin, dass Sie als Mentee in Ihrer Mentorin ein Vorbild haben, mit dem Sie sich eher identifizieren können als mit einem Mann (z. B. nach dem Motto: „Die hat es auch mit Kindern etc. geschafft, im Beruf Erfolg, Anerkennung und Erfüllung zu finden – dann schaffe ich es auch").

In der heutigen Wirtschaft und Gesellschaft werden berufstätige Frauen immer noch mit spezifischen Problemen und Vorurteilen konfrontiert. Bestimmte Fragen – etwa zur Vereinbarkeit von Karriere und Kindern oder zum Umgang mit anzüglichen Witzen und Anspielungen im Berufsalltag – stellen sich primär Frauen, und sie sind mit einer Frau einfacher zu besprechen als mit einem Mann[4]. Es ist gesellschaftlich natürlich wünschenswert, dass Männer sich in einem höheren Maße als bisher mit diesen Fragen auseinander setzen, aber solange dies nicht der Fall ist, sollten Frauen sich an den Gegebenheiten orientieren und sich die Unterstützung von gleichgeschlechtlichen Vorbildern holen. In einer Mentoring-Partnerschaft von Frau zu Frau hat die Mentee die Möglichkeit, gewissermaßen aus der Nähe zu sehen, wie eine andere Frau mit den oben genannten oder anderen spezifisch weiblichen Herausforderungen umgegangen ist und sie bewältigt hat.

In schwierigen Situationen werden Männern nach wie vor ganz andere Verhaltensweisen zur Bewältigung der Situationen zuge-

---

[4] Männer definieren z. B. häufig sexuelle Belästigung am Arbeitsplatz anders als Frauen. So kann es vorkommen, dass ein männlicher Mentor einen Vorfall vielleicht nicht so gravierend einschätzt wie die Mentee, was auf sie sehr verunsichernd wirken kann.

standen als Frauen – im Gespräch mit einem Mentor hat die Mentee dann unter Umständen das „falsche" Rollenvorbild vor Augen (vgl. dazu die Ausführungen zu „Cross-Gender Mentoring").

Beim Mentoring von Frau zu Frau sind die Aspekte, dass sich Frauen gegenseitig unterstützen und erfahrene Frauen jüngere Frauen nachziehen, besonders wichtig.

Nicht zuletzt wird damit die von Männern immer wieder gern zitierte Auffassung, dass „Frauen nicht miteinander, sondern nur gegeneinander arbeiten", in einer sehr positiven und konstruktiven Art und Weise widerlegt.

Mentoring grenzüberschreitend

Internationales Mentoring

Mentoring über die Landesgrenzen hinweg bietet sich an, wenn Sie

- eine Mentorin mit einer sehr speziellen Kompetenz benötigen und diese in Ihrem eigenen Land nicht zu finden ist,
- eine Mentorin aus ihrer eigenen Branche wünschen, es aber in Ihrem eigenen Land keine Frau in diesem Bereich gibt,
- eine Tätigkeit im Ausland anstreben.

Gerade im letztgenannten Fall kann es sinnvoll sein, sich eine Mentorin in dem Land zu suchen, in dem Sie selbst gern arbeiten möchten. Mit ihr können Sie Ihr Ziel viel klarer angehen als mit einer Mentorin aus dem Inland.

Mentoring real oder virtuell

Reales, prozessbegleitendes Mentoring

Unter realem und prozessbegleitendem Mentoring verstehe ich die klassische Konzeption einer Mentoring-Partnerschaft mit einer Laufzeit von einem Jahr und regelmäßigen persönlichen Treffen der Mentorin und der Mentee. Die Mentorin nimmt die Mentee mit zu gesellschaftlichen und beruflichen Veranstaltungen, überträgt ihr Projekte und verschafft ihr Zugang zu ihrem Netzwerk. Auf diese Weise werden Karriereplanung und persönliche Weiterentwicklung der Mentee unterstützt.

Der Zeitraum von einem Jahr für die Mentoring-Partnerschaft hat sich in verschiedenen Mentoring-Projekten als sinnvoll erwiesen, um einen Entwicklungsprozess der Mentee, ein Vertrauensverhältnis als Basis der Vermittlung von Kontakten und das Übertragen von Projekten zu ermöglichen.

Virtuelles Mentoring

Unter virtuellem Mentoring verstehe ich eine Mentoring-Partnerschaft, in der die Kommunikation überwiegend über Internet und E-Mail erfolgt.

Zu Letzterem gibt es inzwischen erste Erfahrungen mit dem Projekt „TeleMentoring". Dieses Projekt richtet sich bislang nur an eine bestimmte Zielgruppe – arbeitslose oder von Arbeitslosigkeit bedrohte Jugendliche im Alter von 16–24 Jahren. Eine Befragung der MentorInnen und Mentees hat allerdings laut Projektleiterin Dr. Barbara Gehrke ergeben, dass das Konzept problemlos auf andere Zielgruppen übertragbar ist. „TeleMentoring" wird mit Mit-

teln aus dem Europäischen Sozialfonds (ESF) durch das Arbeits-
ministerium des Landes Nordrhein-Westfalen finanziert. Weitere
TeleMentoring-Projekte unter anderem für junge Mädchen und
Frauen in IT-Berufen und Berufsrückkehrerinnen sind geplant.

Die Vorteile einer Mentoring-Partnerschaft, in der die Kommunikation über E-Mail erfolgt, liegen in der zeitlichen und räumlichen Unabhängigkeit.

Jede der Beteiligten kann zu einem ihr angenehmen Zeitpunkt
und an dem Ort ihrer Wahl auf die Fragen und Anmerkungen der
anderen antworten. Die Mentee hat daneben die Möglichkeit, die
Antworten und Anregungen der Mentorin zunächst einmal auf
sich wirken zu lassen und eventuell eine Nacht darüber zu schla-
fen, bevor sie darauf antwortet oder nachfragt. Durch die zeitliche
und räumliche Freiheit kann aber auch spontan Kontakt aufge-

MENTORING GLOBAL

VERNETZEN SIE SICH!

nommen werden, und der Kontakt kann häufiger erfolgen als bei realem Mentoring, das für die Treffen zwischen Mentorin und Mentee feste Termine z. B. einmal im Monat vorsieht. Via E-Mail können beispielsweise viel einfacher Anmerkungen und Fragen nachgeschoben werden, wenn ein wichtiger Punkt vergessen wurde. Es geht insgesamt häufig informeller und unkomplizierter zu als beim „konventionellen" Mentoring.

Sowohl Mentorin als auch Mentee sollten sich darüber im Klaren sein, dass die Kommunikation via E-Mail eine schriftliche und sehr punktuelle ist. Beide sollten sich an der „Netiquette", den Höflichkeitsregeln des Internet orientieren – das hilft, Missverständnisse und unnötige Verstimmungen zu vermeiden. Aus dem breiten Spektrum der „Netiquette"-Regeln möchte ich folgende Punkte besonders empfehlen:

- klare Fragen stellen,
- den Bezug zum Inhalt in der Betreffzeile angeben,
- sich kurz fassen und E-Mails anderer möglichst zeitnah beantworten.
- Sicherheitsrelevante und sehr persönliche Aussagen gehören nicht in E-Mails. Schicken Sie keine zu großen attachments (an die E-Mail angehängte Dateien) mit.

Wenn beide Partnerinnen offen, kommunikativ und auf der gleichen „Wellenlänge" sind, steht das virtuelle Mentoring dem realen in nichts nach. Allerdings lassen sich eine gewollte Sachlichkeit und ein gewisser Abstand in der Mentoring-Beziehung beim virtuellen Mentoring eventuell leichter durchhalten.

Noch ein wichtiger Vorteil des virtuellen Mentorings: Kosten und Zeitaufwand für Treffen entfallen, ebenso die terminliche Abstimmung. Aufgrund dieser organisatorischen und logistischen Vorteile sind Mentorinnen vielfach eher bereit, sich an virtuellen Mentoring-Programmen zu beteiligen als an „konventionellen" Programmen.

Mentoring gegen Bezahlung

Mentoring als Dienstleistung externer Personalberatungen und Agenturen

Mittlerweile gibt es Personalberatungen und Mentoring-Agenturen, die unter anderem Mentoring-Partnerschaften vermitteln und betreuen.

Die Personalberatung oder Agentur führt mit Ihnen ein ausführliches Vorgespräch und vermittelt Ihnen gegen ein Honorar eine passende Mentorin oder einen passenden Mentor, der für seine Mentoring-Partnerschaft honoriert wird. Die Programme haben in der Regel eine Laufzeit von einem Jahr und richten sich an Frauen aus allen Branchen oder Wirtschaftszweigen. (Die entsprechenden Adressen finden Sie im Adressteil am Schluss des Buches.)

Ehrenamtliches Mentoring mit mehreren MentorInnen

MentorInnen-Pool

Die bislang beschriebenen Formen von Mentoring gehen davon aus, dass eine Mentee jeweils nur einen Mentor oder eine Mentorin hat. Warum aber sollte man sich auf eine Person beschränken, wenn es die Möglichkeit gibt, von den Sichtweisen und Erfahrungen verschiedener Menschen zu profitieren?

Häufig sind die unterschiedlichen Aspekte und Kompetenzen, die der Mentee wichtig sind, schwerlich nur von einer einzigen Person abzudecken. Nehmen wir z. B. einmal an, dass Sie eine exzellente

Mentorin gefunden haben, die Ihnen gute Kontakte in Ihrer Branche vermittelt. Die gleiche Mentorin kann Ihnen aber bei Ihrer weitergehenden Berufs- und Karriereplanung aus zeitlichen Gründen nicht zur Verfügung stehen. Dann wäre es sinnvoll, dass Sie eine zweite Mentorin zu Rate ziehen, mit der Sie Ihre Berufs- und Karriereplanung angehen können.

Es kann schwierig sein (und in manchen Fällen ist es wenig wahrscheinlich), eine Mentorin zu finden, die allen Vorstellungen und Bedürfnissen der Mentee entspricht und dazu noch Zeit hat, die Mentorenschaft zu übernehmen. Der Zeitfaktor spielt häufig eine entscheidende Rolle, wenn es darum geht, eine Mentorin für formelle und langfristige Mentoring-Partnerschaften zu finden. Die Strategie des MentorInnen-Pools ist eher punktuell ausgerichtet und umgeht diese Probleme. Ein MentorInnen-Pool besteht aus Personen ganz unterschiedlicher Bereiche und Branchen mit verschiedenartigen Kompetenzen, Fähigkeiten und Kontakten, die grundsätzlich bereit sind, als Ihre MentorIn zu fungieren.

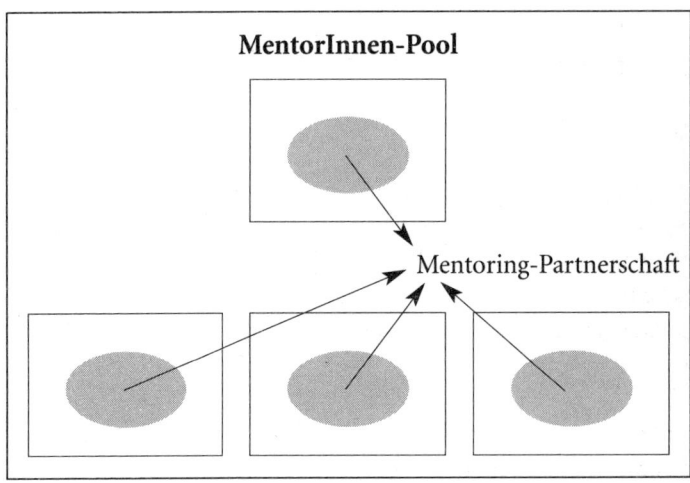

In den sich immer schneller verändernden Unternehmen und Organisationen werden in Zukunft ganz unterschiedliche Kompetenzen benötigt, ohne dass sich immer genau vorhersehen ließe, welche Fähigkeiten wann notwendig sein werden. Für den flexiblen Zugriff auf Wissen und Kompetenzen ist ein punktuelles Mentoring am sinnvollsten, da es schnell und zielgerichtet abgefragt werden kann. Dafür benötigen Sie einen Pool von verschiedenen MentorInnen.

Viele von Ihnen werden jetzt vielleicht sagen: „Ein gutes Netzwerk habe ich mir doch bereits aufgebaut." Verschiedene MentorInnen sind trotzdem etwas anderes. Diese Personen sind grundsätzlich bereit, bei Bedarf für Sie als MentorIn zu fungieren und Sie in einem zeitlich begrenzten Prozess in Ihrer Weiterentwicklung zu unterstützen. Das ist wesentlich umfassender und weitgehender als „netzwerken". Solche Mentee-Mentoren-Partnerschaften brauchen eine funktionierende Vertrauensbasis. Sie aufrechtzuerhalten ist während der Zeit, in der Sie mit einer bestimmten Mentorin nicht aktiv Mentoring betreiben wollen oder können, Ihre Aufgabe. In Ihrer Verantwortung liegt auch, die potentielle Mentorin über Ihre weiteren Entwicklungen auf dem Laufenden zu halten, damit die erste Phase des Mentorings, die Aufwärmphase, abgekürzt werden kann und das effizientere und zeitsparende punktuelle Mentoring möglich wird. Wie Sie sehen, bedeutet ein Pool aus verschiedenen MentorInnen für Sie eine ganz andere Qualität an Unterstützung, die die Vorteile eines Netzwerkes deutlich übersteigt. Die Kontakte zu den verschiedenen MentorInnen müssen allerdings in den Zeiten, in denen kein Mentoring stattfindet, regelmäßig gepflegt werden.

Wie Sie inzwischen gesehen haben, hat jede Form von Mentoring ihre Vor- und Nachteile. Um zu entscheiden, welche für Sie am besten geeignet ist, sollten Sie sich über Ihre eigenen Erwartungen im Klaren sein: Welche Ziele möchten Sie erreichen und wie soll Mentoring Sie dabei unterstützen? Wie stellen Sie sich die Mentoring-Beziehung vor?

Allen Formen des Mentorings ist gemeinsam, dass Sie – als Mentee – die Initiative ergreifen und dabei strukturiert vorgehen sollten, um den größtmöglichen Nutzen aus einer Mentoring-Partnerschaft zu ziehen. Es liegt zu einem großen Teil an Ihnen, was Sie aus der Mentoring-Partnerschaft machen und für sich als Erfahrungs- und Wissenszuwachs verbuchen können.

Kapitel 3
Mentoring in unterschiedlichen Bereichen

Mentoring als Frauen- und Nachwuchsförderung hat sich mittlerweile in den unterschiedlichsten Bereichen und Strukturen etabliert. Es bietet den jeweiligen Organisationen und Unternehmen die Möglichkeit, bestehende Hierarchien und Strukturen aufzubrechen und einen gesellschaftspolitischen Beitrag zur Realisierung der Gleichberechtigung zu leisten.

Im Folgenden soll Mentoring in verschiedenen gesellschaftlichen Kontexten vorgestellt werden.

Mentoring für Frauen in der Politik

Frauen in der Politik sind in den letzten Jahren zunehmend in verantwortungsvollere Funktionen und Positionen gelangt – allerdings meist in „klassischen" Frauenressorts wie Kultur-, Sozial- und Gesundheitspolitik. Insgesamt ist die Politik nach wie vor klar von Männern dominiert, auch auf regionaler und kommunaler Ebene. Aus einer Broschüre des rheinland-pfälzischen Ministeriums für Kultur, Jugend, Familie und Frauen etwa geht hervor, dass „von 24 Landkreisen in Rheinland-Pfalz lediglich zwei von Landrätinnen regiert [werden] und nur zwei der 212 hauptamtlichen Bürgermeisterämter mit Frauen besetzt [sind]."

Es gibt bisher in Deutschland lediglich eine Ministerpräsidentin, keine Bundesfinanz- oder Bundesaußenministerin – kurzum, der

Frauenanteil in den verschiedenen Ressorts der Politik entspricht nicht ihrem Bevölkerungsanteil. Nur in wenigen Bereichen ist es Frauen bisher gelungen, adäquat repräsentiert zu sein. Bei der Suche nach den Gründen stellen sich die folgenden Fragen:

- Wie funktioniert Politik?
- Warum stoßen Frauen gerade in der Politik immer wieder an die so genannte „gläserne Decke" – die unsichtbare Barriere, die ihnen den weiteren Aufstieg erschwert oder sogar verwehrt?
- Warum beginnt diese „gläserne Decke" gerade in der Politik schon auf den unteren Hierachieebenen?
- Wie werden Funktionen und Positionen vergeben?

**In einer Mentoring-Partnerschaft helfen Frauen anderen
Frauen, die „gläserne Decke" zu durchbrechen.**

Laut Dr. Rose Götte, Ministerin a.D. für Kultur, Jugend, Familie
und Frauen in Rheinland-Pfalz, funktioniert die Besetzung von
Funktionen und Positionen in der Politik häufig über Seilschaften
– Männerbünden, bei denen einer den anderen nach oben zieht
und alle sich gegenseitig absichern. Frau Dr. Götte lehnt solche
Seilschaften nicht grundsätzlich ab, möchte aber erreichen, dass
sie auch weiblichem Nachwuchs offen stehen. Es fehlt ihrer Meinung nach an Vorbildern und der gezielten Förderung von Frau-
en, insbesondere junger Frauen. Daher initiierte sie 1999 in ihrem

51

Ministerium das Mentoring-Projekt „Mehr Frauen in die Politik! Politikerinnen fördern den Nachwuchs". Dieses Projekt wurde im Juni 1999 auf der Bundeskonferenz der Frauenministerinnen vorgestellt. Inzwischen gibt es vergleichbare Projekte auch im Ausland. Die Projektleiterin Karin Drach stellte das Projekt in der Schweiz im Januar 2000 vor und gab damit den Anstoß für ein schweizerisches Mentoring-Projekt.

Gezieltes Mentoring soll Frauen helfen, Netzwerke zu bilden und durch formelle und informelle Kontakte in ihrer politischen Arbeit weiterzukommen – unabhängig von Parteizugehörigkeit oder Alter.

Frau Dr. Götte begründet die Notwendigkeit einer stärkeren Präsenz von Frauen in der Politik damit, dass alle politischen Entscheidungen von den ganz persönlichen Erfahrungen und Kontakten derer beeinflusst werden, die sie treffen. „Schon die Auswahl der Aktionsfelder, ihre Wertigkeit und die Intensität der Bearbeitung hängt wesentlich von der persönlichen Betroffenheit der Verantwortlichen ab. Wenn aber die Erfahrungen und Kontakte von Frauen in Entscheidungsprozesse nur am Rande eingehen, wird Politik den Bedürfnissen von Frauen nicht gerecht. Deshalb muss der Anteil von Frauen in der politischen Arbeit unbedingt erhöht werden. Mit Appellen allein kommen wir nicht weiter. Frauen, die schon einen Platz im politischen Raum eingenommen haben, sollten sich ganz persönlich dafür einsetzten, dass weitere Frauen den Weg in die Politik einschlagen und dort Erfolg haben. Mentoring kann dabei helfen."

Ein offizielles und nachhaltiges Mentoring-Projekt für Frauen in der Politik gibt es bisher nur in Rheinland-Pfalz. Und was tun Frauen, die nicht dort leben? Projektleiterin Karin Drach empfiehlt, sich selbst eine Politikerin als potentielle Mentorin im eigenen Bundesland zu suchen. Die Mentoring-Partnerschaft kann dann mit Unterstützung des Projekts durchgeführt werden – so können beispielsweise auswärtige Mentorinnen und Mentees an den Gesprächsforen und Workshops des Projekts teilnehmen.

Schon jetzt kann gesagt werden, dass sich das Projekt positiv auswirkt, denn seit seinem Beginn ist mehr Frauen der erfolgreiche Einstieg in die Politik gelungen als in der Zeit ohne ein vergleichbares Projekt. Insbesondere bei den Kommunalwahlen ist es gelungen, mehr Frauen durch gezielte Ansprache zur Kandidatur zu ermutigen, sie mit Unterstützung der Mentorin bekannt zu machen, Kontakte zu knüpfen und bei Übernahme eines Amtes auf Wunsch zu beraten. Die bisherigen Erfahrungen haben gezeigt, dass Mentoring in der Politik schneller Erfolge verzeichnet als z. B. in der Wirtschaft.

Dr. Rose Götte sieht Vorteile nicht nur auf Seiten der Mentees: Auch die Mentorin erfährt über ihre eigene Arbeit manches aus dem Blickwinkel der Mentee und fühlt sich unterstützt.

In der Politik beginnt das Arbeiten in Seilschaften bereits auf unterster Ebene – im Gegensatz zur Wirtschaft, in der sie erst in den mittleren und oberen Ebenen notwendig werden. Damit ist Mentoring für Frauen in der Politik besonders notwendig und sinnvoll. Die Mentee erwirbt dabei Fähigkeiten, die von zentraler Bedeutung sind, um politisch erfolgreich zu sein, z. B. das Erkennen von Strukturen, Verflechtungen und Hierarchien. Darüber hinaus lernt sie, erfolgreich innerhalb dieser Strukturen zu agieren und kann sich das weitere Handwerkszeug der Politik, z. B. Rhetorik, juristische Kenntnisse etc. gemeinsam mit ihrer MentorIn aneignen.

Im Folgenden einige Zitate von Frauen, die am rheinland-pfälzischen Projekt teilnehmen.[5] Warum würden sie Mentoring in der Politik weiterempfehlen?

- „Weil Frauen mehr Unterstützung brauchen."
- „Weil das Erkennen von Strukturen und Hierarchien wichtig ist."
- „Weil man Insider-Wissen aus erster Hand bekommt."
- „Weil man ein politisches ‚Startpaket' erhält."
- „Weil man auch ohne ‚politische Familie'[6] von Netzwerken profitieren kann."
- „Weil sich viele ‚Standardfehler' für Neueinsteigerinnen und der damit verbundene Frust minimieren lassen."
- „Weil gerade Frauen stärker politisch aktiv werden sollten, oft aber über keine Kontakte verfügen."

Mentoring in der Wirtschaft

Auch in der Wirtschaft sind Frauen in den gehobenen und oberen Ebenen im Verhältnis zur Gesamtangestelltenzahl immer noch unterrepräsentiert.

Mittlerweile hat sich allerdings auch in den Unternehmen die Erkenntnis durchgesetzt, dass unter dem Aspekt der Vielfalt (Diversity) nicht nur Männer die Produkte für eine Vielzahl ganz unterschiedlicher Kunden entwickeln und verkaufen können, wenn

---

[5] Aus „Politik ist ein Handwerk, und Mentorinnen helfen, es zu erlernen".

[6] Mit „politischer Familie" ist sowohl die Zugehörigkeit zu einer Partei und deren Netzwerken als auch die Herkunft aus einer Politikerfamilie gemeint, die der „Neu-Politikerin" hilfreiche Kontakte bietet.

diese am Markt erfolgreich sein sollen. Um die Kundeninteressen und deren Vielfalt im Unternehmen widerzuspiegeln ist es notwendig, möglichst vielfältige Mitarbeiter und Mitarbeiterinnen mit unterschiedlichen Lebensentwürfen auf *allen* Ebenen des Unternehmens zu beschäftigen.

Mit der immer stärker werdenden Konkurrenz auf dem Weltmarkt kann ein global agierendes Unternehmen es sich heute nicht mehr leisten, einen großen Teil des Potentials und der Fähigkeiten seiner Mitarbeiter und Mitarbeiterinnen nicht zu nutzen.

Auch die sich verändernde Altersstruktur der Bevölkerung in Deutschland – immer weniger junge Menschen wachsen nach – wirkt sich dahingehend aus, dass qualifizierte Mitarbeiterinnen mehr als noch vor Jahren gefördert und möglichst nach einer Familienphase wieder in das Unternehmen integriert werden, denn ansonsten droht den Unternehmen ein Mangel an qualifizierten MitarbeiterInnen und kompetenten Führungskräften.

Ein Instrument zur Frauenförderung in den Unternehmen sind sowohl unternehmensinterne als auch externe Mentoring-Programme wie z. B. „Cross-Mentoring".[7]

---

[7] An „Cross-Mentoring" beteiligen sich u. a. die Deutsche Bank AG, die Flughafen Frankfurt Main AG, die Lufthansa AG, die Deutsche Telekom AG, die Robert Bosch GmbH, Merck KGaA und Procter & Gamble Deutschland GmbH.

Mentoring für Existenzgründerinnen

Mentoring für Existenzgründerinnen möchte ich anhand der Dokumentation „Mentoring für Existenzgründerinnen" darlegen, eines Workshops, der im Jahre 2000 vom Deutschen Jugendinstitut e.V. in Frankfurt/Main organisiert wurde.

Beim Mentoring für Existenzgründerinnen sind die persönlichen Treffen von Mentorin und Mentee besonders wichtig. Individuelle Problemlösungen, persönliche Kontakte und das auf die Mentee zugeschnittene Netzwerk stehen bei den Treffen im Vordergrund. Eine Mentorin aus der Region, die die lokalen geschäftlichen Gegebenheiten und Strukturen des Einzugsgebiets der Existenzgründerin kennt, kommt den Bedürfnisse der Mentee am nächsten.

Es gibt mittlerweile vielfältige und gute Angebote zur Beratung von Existenzgründerinnen. In dem oben erwähnten Workshop kamen die Teilnehmerinnen aber dennoch zu dem Schluss, dass es weiteren Bedarf an Mentoring für Existenzgründerinnen gibt: Nur die Mentoring-Beziehung gibt der Mentee die Möglichkeit, über ihre Schwächen und eventuelle Schwächen ihres Geschäftskonzepts zu sprechen und diese konstruktiv zu diskutieren. In anderen Beratungssituationen bei Banken, anderen Geldgebern und Marketingstrategen hingegen ist die Existenzgründerin gezwungen, andere von ihrem Konzept zu überzeugen, ohne unbefangen über auftretende Probleme reden zu können und diese konstruktiv zu reflektieren. Genau hierbei kann die Mentorin helfen – die Mentoring-Beziehung bietet Existenzgründerinnen also auch eine Art „Schutzraum".

Kapitel 4

Die Strategie der Gewinnerinnen: Was Mentoring bringt

In der Mentoring-Beziehung sind die Partner gleichberechtigt, und sie ist eine so genannte „Win-Win-Situation", d. h. sowohl die Mentorin als auch die Mentee ist eine „Gewinnerin" des Mentoring-Prozesses ist. Jede profitiert von der Partnerschaft.

Was also hat Mentoring Frauen zu bieten?

Vorteile und Chancen für die Mentorin

Die Mentorin ist nicht diejenige, die etwas gibt. Sie hat die Möglichkeit, in der Mentoring-Beziehung verschiedene Rollen auszuprobieren und damit ihr Führungsverhalten weiterzuentwickeln – hin zu einem absolut eigenen, authentischen Führungsstil. Mentoring wirkt sich aber nicht nur auf den Führungsstil der Mentorin aus, sondern auf ihre persönliche Entwicklung insgesamt. Kurz gesagt: Die MentorIn trainiert und entwickelt ihre eigenen sozialen Kompetenzen.

Bei der Auswertung von Mentoring-Projekten in Norwegen hat sich sogar gezeigt, dass die Mentorinnen die Mentoring-Partnerschaft mit einem leicht höheren Gewinn für sich selbst bewerteten als die beteiligten Mentees. Was nicht heißen soll, dass die Mentees nicht davon profitiert hätten. Anscheinend war die Erwartung der MentorInnen jedoch insgesamt etwas niedriger als die der Mentees – beim Begriff „Mentoring" wird vielfach automatisch davon ausgegangen, dass doch eher die beteiligten Mentees von der Partnerschaft profitieren. In Skandinavien wird laut einer vom Deutschen Jugendinstitut (DJI) erstellten Studie „Mentoring für Frauen. Eine Evaluation verschiedener Mentoring-Programme" mittlerweile in Unternehmen vorausgesetzt, dass Führungskräfte und angehende Führungskräfte über Mentoring-Erfahrungen verfügen.

Die Mentorin erhält im Mentoring-Prozess Impulse für ihre eigene Arbeit – sei es auf methodischer oder inhaltlicher Ebene. Claudia Selle, Teilnehmerin an einem „Cross-Mentoring"-Programm, berichtet etwa, dass ihr Mentor durch die Mentoring-Partnerschaft mit ihr den Impuls erhielt, sich z. B. wieder verstärkt der Frage zu widmen, wie sehr er sich mit seinen MitarbeiterInnen, deren Fragen und Problemen auseinander setzt und beschäftigt. Denn die Mentee berichtete und kommentierte aus ihrer Sicht die Führungsaufgabe ihrer Vorgesetzten und gab ihrem Mentor damit den Anstoß, darüber nachzudenken, wie er selbst diese Aufgabe einschätzte.

Durch die Mentee wird vieles im Leben der Mentorin in ein anderes Licht gerückt und in einer Form hinterfragt, die in durch Hierarchien geprägten Unternehmen ansonsten so nicht möglich ist. Die Mentorin kann so ihre eigenen fachlichen und methodischen Kompetenzen auf einer neuen Grundlage überdenken. Sie kann, wenn sie dies wünscht, ihrerseits die Mentee bitten, sie in bestimmten Fragen zu beraten oder ihr Feedback zu geben. Natürlich bleibt es letztlich jedoch jedem Mentor, jeder Mentorin selbst überlassen, inwieweit er oder sie Mentoring zum Nachdenken über sich selbst nutzen möchte.

Die Möglichkeit, eine neue Perspektive einzunehmen, ergibt sich nicht nur in Bezug auf die unterschiedlichen Hierarchie- und

Funktionsebenen der Mentorin und Mentee, sondern auch bezüglich der Sicht- und Denkweisen unterschiedlicher Generationen – unabhängig davon, ob die MentorIn oder die Mentee die jüngere ist. In den meisten Fällen verfügen beide über unterschiedliche Lebenserfahrungen und haben an einer je unterschiedlichen „Generationenkultur" teil.

Die Mentorin bekommt die Gelegenheit zum Einblick in den Berufsalltag einer anderen Frau und die Barrieren, mit denen diese konfrontiert ist. Sie kann außerdem ihren eigenen bisherigen Werdegang reflektieren und hat eine Vorbildfunktion für die Mentee. Durch ihre Tätigkeit als Mentorin wird sie auch für andere als kompetente und erfolgreiche Frau sichtbar und steigert damit ihren eigenen „Außenwert" sowohl innerhalb ihres eigenen Unternehmens als auch in ihrer Branche.

Zu guter Letzt sollte nicht unterschätzt werden, dass es einfach Spaß macht, Wissen an andere weiterzugeben. Für Mentorinnen bedeutet es im Allgemeinen einen „Lustgewinn" zu sehen, dass die Mentee von den eigenen Erfahrungen, dem eigenen Wissen profitiert hat, damit erfolgreich agieren konnte und so an ihr Ziel gelangt ist.

Vorteile und Chancen für die Mentee

Erinnern wir uns an dieser Stelle noch einmal an den mythologischen Ursprung des Begriffs „Mentoring": Odysseus bat Mentor, sich in seiner Abwesenheit um seinen noch jugendlichen Sohn Telemachus zu kümmern. Mentor war Erzieher und Berater, aber auch Vertrauter und Vaterfigur für Telemachus – und er führte ihn in die Gesellschaft ein. Sicherlich hat es mit dieser ersten Mentoring-Beziehung der Geschichte zu tun, dass beim Stichwort „Mentoring" zunächst einmal die Vorteile für die Mentee assoziiert werden: Die Mentorin hilft der Mentee, sich den Weg durch den Karrieredschungel mit seinen diversen Fallstricken zu bahnen. Die Mentee erlernt die Spielregeln des Geschäfts und erhält offenes Feedback. Das hilft ihr dabei, ihr Eigenbild (das Bild, das jede von sich selbst hat) und das Fremdbild (das Bild, das andere von einem haben), zu vergleichen und daraus gemeinsam mit der Mentorin die Planung für ihre persönliche Weiterentwicklung zu erarbeiten.

Laut der vom Deutschen Jungendinstitut druchgeführten Bewertung verschiedener Mentoring-Programme trägt Mentoring dazu bei, das Selbstbewusstsein der Mentee zu stärken, und zwar in dem Sinne, dass sie sich im beruflichen Umfeld besser behaupten und ihre eigenen Fähigkeiten und Schwächen besser einschätzen kann. Auch die Thematisierung der Lebens- und Karriere-

**Mentoring zeigt Ihnen, welche Wege es gibt,
um Ihr Ziel zu erreichen**

planung, deren strukturierte und strategische Aufbereitung eine Grundvoraussetzung für weiteren Erfolg darstellt, gehört in diesen Abschnitt des Mentoring-Prozesses. Die Mentee entwickelt ihre beruflichen Perspektiven und beginnt diese im Tandem gemeinsam mit der Mentorin umzusetzen.

Die Mentorin ist daneben auch eine Art Katalysator für die Mentee. Viele Frauen sind sich selbst mit ihren eigenen „Barrieren im Kopf" ihr ärgster Feind und behindern damit ihre weitere berufliche Entwicklung häufig selbst. Gemeinsam können Mentee und Mentorin herausfinden, was die wahren Ursachen dieser Selbstblockade sind.

Die Mentee lernt durch die Mentorin die „richtigen" Leute kennen und kann, wenn gewünscht, von dem bestehenden Netzwerk der Mentorin profitieren. Dies setzt allerdings ein enges Vertrauensverhältnis voraus und ist abhängig von der Hierarchieebene und der speziellen Tätigkeit der Mentorin. Denn bestimmte Tätigkeiten verlangen Kontakte, deren Bestehen und deren Inhalt nicht für die Öffentlichkeit – inklusive der Mentee – bestimmt sind.

Die Mentee kann durch die Übernahme von Projekten und anderen Aufgaben ihren Horizont erweitern und erhält damit die Gelegenheit, ihre Kompetenzen einem breiteren Kreis von Personen sichtbar zu machen.

Die Studie des DJI hat allerdings auch ergeben, dass in den untersuchten Projekten die Mentees hauptsächlich in ihrer persönlichen Entwicklung von der Mentoring-Partnerschaft profitiert haben. In den untersuchten Programmen, die zwischen neun und 12 Monaten dauerten, konnten keine konkreten hierarchischen Karriereschritte für die Mentees festgestellt werden. Die Mentoring-Partnerschaften zielten hauptsächlich darauf ab, die Karrierevoraussetzungen der Mentees zu verbessern und zu deren Persönlichkeitsentwicklung beizutragen. Es handelte sich bei den betreffenden Mentoring-Projekten allerdings um Pilotprojekte, deren langfristige Aussagekraft noch weitergehend untersucht werden muss. Die aus Schweden bekannten Mentoring-Programme, die bereits seit Jahren durchgeführt werden, haben gezeigt, dass bei langfristiger Planung und Verankerung im Unternehmen auch Karriereeffekte erzielt werden können.

Die wichtigste Voraussetzung für ein zufriedenstellendes und erfolgreiches Ergebnis der Mentoring-Partnerschaft besteht mithin darin, dass die Erwartungen und Ziele realistisch ausgewählt werden. Diese Voraussetzung bedingt, dass sich insbesondere die Mentee im Vorfeld darüber im Klaren ist, was sie erreichen möchte, und ihre Ziele gemeinsam mit der Mentorin auf ihre Realisierbarkeit hin überprüft. (Nähere Informationen dazu finden Sie in Kapitel 6.)

Worauf kommt es bei Mentorinnen an?

Kommunikationsfähigkeit, eine offene Persönlichkeit und die Fähigkeit, auf andere zugehen zu können, sind laut einer 1998/99 durchgeführten Untersuchung[8] die wichtigsten Voraussetzungen für erfolgreiche Mentorinnen und Mentoren. Die Fähigkeit zur Kommunikation ist der Dreh- und Angelpunkt der Mentoring-

---

[8] „Ergebnisse der wissenschaftlichen Begleitung zum Modellprojekt Mentorinnen-Netzwerk für Frauen in naturwissenschaftlich-technischen Fächern an hessischen Universitäten und Fachhochschulen". Die Untersuchung wurde durchgeführt von Frauke Spreckels.

Partnerschaft und sollte bei der MentorIn als der Erfahreneren am ausgeprägtesten sein. Hierzu gehören auch das Zuhören- und das Schweigen-Können, wenn auf Seiten der Mentee die Erwartung nach vorgefertigten Lösungen zu spüren ist. Mentoring bedeutet zwar Hilfe und Unterstützung, nicht aber die Weitergabe von „Rezepten".

Zur Kommunikationsfähigkeit der Mentorin zählt auch die Bereitschaft, über ihre beruflichen und persönlichen Erfahrungen offen und aus eigenem Antrieb zu sprechen, auch was eigene Misserfolge und Hürden betrifft, die zu überwinden waren. Die Grundidee des Mentorings ist das Lernen aus den Erfahrungen anderer, und dies beinhaltet auch die Fehler und Probleme mit denen die

MentorIn auf ihrem Weg konfrontiert war. Die Mentorin hat für die Mentee eine Vorbildfunktion. Sie verkörpert, dass Ziele erreichbar sind – wenn auch nicht immer einfach.

Aufgabe der Mentorin ist es, die Mentee anzuleiten, eigene Entscheidungen zu treffen, sie zu einer aktiven Verfolgung ihrer Karriere- und Persönlichkeitsentwicklung zu ermutigen und sie zu begleiten, wenn es Probleme zu lösen gilt. Die Mentorin ist die unparteiische Stimme, die der Mentee Möglichkeiten und Visionen aufzeigt, auf die diese selbst nicht gekommen wäre.

Es ist wichtig, dass die Mentorin auf die Mentee und deren Bedürfnisse eingeht und sie ermutigt, ihren eigenen Weg zu gehen, der nicht identisch sein muss mit dem Weg der Mentorin. Die Mentorin sollte grundsätzlich die Lebensmodelle anderer Menschen akzeptieren; sie sollte sich ggf. vorhandener eigener Vorurteile bewusst sein und mit ihnen wertneutral umgehen können.

Eine weitere Aufgabe der Mentorin besteht darin, die Mentee zu ermutigen, an sich zu arbeiten, um innere wie äußere Barrieren und Schwellen zu überwinden. Es ist wichtig, dass die Mentorin die Mentee hin und wieder motiviert, ihren angestrebten Weg letztendlich auch zu gehen.

Die Mentorin sollte die Position der Mentee kritisch hinterfragen, mit ihr auf sachlicher Ebene kontrovers diskutieren und so die Mentee zum intensiven Nachdenken über eigene Auffassungen und Ziele anregen.

Die Mentorin sollte die Meinung der Mentee respektieren und ernst nehmen. Sie sollte bereit sein, sich für die Mentee einzusetzen und – nachdem ein Vertrauensverhältnis aufgebaut ist – der

Mentee Türen zu öffnen und das eigene Netzwerk zur Verfügung zu stellen, soweit datenrechtliche und unternehmensinterne Vorschriften dies erlauben.

Die Mentorin sollte ihre eigene Persönlichkeitsstruktur kennen und sich ihrer eigenen Reaktionen bewusst sein; sie sollte neugierig sein auf andere Menschen und auf neue Erfahrungen, und sie sollte bereit sein, selbst dazuzulernen.

Viele Frauen sind bereit, für andere Mentorin zu sein, weil sie selbst zu einem früheren Zeitpunkt gerne eine Mentorin gehabt hätten und jetzt jüngeren Menschen das Fortkommen erleichtern wollen. Sie geben daher gerne auch strategisch-taktische Tipps.

Bei virtuellem Mentoring ist neben diesen Fähigkeiten die Bereitschaft der Mentorin erforderlich, ihre Erfahrungen auch auf dem Wege der indirekteren Kommunikation via E-Mail weiterzugeben.

Welche Fähigkeiten sollten Mentees mitbringen?

Fest entschlossen sein, die eigene Karriere aktiv voranzubringen: Das ist es, was die Mentee vor allem anderen mitbringen sollte. Unmittelbar damit verknüpft sind Wille und Bereitschaft, sich zu verändern – weg vom Ist-Zustand und hin zu einem gemeinsam mit der Mentorin definierten Soll-Zustand.

Die Entscheidung, welche Fragestellungen in der Mentoring-Partnerschaft behandelt werden, trifft letztendlich die Mentee, da die Entwicklung ihrer Karriere und Persönlichkeit im Vordergrund stehen.

Ebenso wie die Mentorin sollte die Mentee kommunikativ, offen und bereit sein, die Perspektive zu wechseln. Die Mentee hat eine „Holschuld" bei der Mentorin und trägt somit selbst die Verantwortung dafür, was sie in der Mentoring-Partnerschaft lernt. Sie sollte das Vertrauen und die Offenheit der MentorIn nicht missbrauchen.

Sie sollte sich bewusst sein, dass Mentoring nicht automatisch einen Karrieresprung nach sich zieht, sondern nur ein Baustein in der Karriereentwicklung sein kann.

Als Mentee sollten Sie keine vorgefertigten Lösungen von der Mentorin erwarten und bereit sein, mit Hilfe der Anregungen Ihrer Mentorin Ihre Weiterentwicklung und die Verantwortung für Ihre berufliche Laufbahn selbst in die Hand zu nehmen.

Als Mentee können Sie die Unterstützung und die Möglichkeiten, die Ihnen von und durch Ihre Mentorin geboten werden, annehmen und für sich nutzen. Sie sollten bereit sein, auf persönlicher Ebene mit Ihrer Mentorin zu sprechen. Allerdings sollten Sie Ihre Mentorin nicht für die Lösung Ihrer privaten Probleme nutzen und nicht erwarten, dass sie sich in allen Problemfeldern und Geschäftsbereichen gleich gut auskennt.

Die Fragen, die Ihre Mentorin Ihnen stellt und die Sie anregen sollen, über die eigene Position nachzudenken, sollten Sie ausführlich und nicht nur mit Ja oder Nein beantworten. Grundlage Ihrer Gespräche sollte gegenseitiger Respekt sein.

Nach Abschluss des Mentoring-Prozesses sollten Sie als Mentee in der Lage sein, sich selbst zu fragen: „Was würde meine Mentorin mich jetzt fragen?" – und Sie sollten sich diese Frage selbst beantworten können. So können Sie das Mentoring in einem inneren Dialog über die Mentoring-Partnerschaft hinaus fortsetzen.

Die Mentee sollte ihren eigenen Weg entwickeln.

Weitere Anregungen für die Gestaltung der Mentoring-Beziehung finden Sie im Kapitel 7.

Kapitel 5
Der Kick für die Karriere: Mentoring passgenau einsetzen in Schule, Studium und Beruf

Mentoring kann während der Ausbildung ebenso gut eingesetzt werden wie später in der Berufspraxis. In diesem Kapitel erfahren Sie, was Mentoring in unterschiedlichen Lebens- und Berufsabschnitten leisten kann.

Und was kommt nach dem Schulabschluss? Mentoring für Schülerinnen

Kurz vor dem Abschluss der Schulausbildung kann eine Mentorin wirksame Unterstützung bei der Berufswahl und in der Zeit zwischen Schule und Berufsausbildung oder Studienbeginn geben. Sie steht bereits im Berufsleben und verfügt über praktische Erfahrungen: Was hat auf dem Weg zum Wunschberuf oder -studium geholfen? Was war anders als man es sich vorgestellt hat? Was erleichtert den Einstieg in die Ausbildung oder ins Universitätsleben? Als jemand, der „von außen" kommt und eine gewisse Distanz mitbringt, ist die Mentorin für die Mentee eine „neutralere" Gesprächspartnerin als Eltern oder ältere Geschwister. Möglicherweise kann sie „ihrer" Mentee auch ein Praktikum vermitteln, das bei der beruflichen Orientierung hilft.

Was die praktische Durchführung der Mentoring-Partnerschaft angeht, so sollten Schülerinnen beachten, dass ihr Tagesrhythmus ein anderer ist als der einer berufstätigen Frau. Es ist sinnvoll, sich bereits im Vorfeld zu überlegen, wie etwa Terminabsprachen so gestaltet werden können, dass die zusätzliche Belastung für die Mentorin so gering wie möglich ist.

Wo finden Schülerinnen eine Mentorin? Eine Möglichkeit sind so genannte „Schnuppertage" oder Berufsmessen, die von Industrie- und Handelskammern, Handwerksinnungen, Berufsverbänden, Fachhochschulen und Universitäten veranstaltet werden. Dort kann man mit potentiellen Mentorinnen ungezwungen ins Gespräch kommen. Darüber hinaus empfiehlt sich ich die Teilnahme an Mentoring-Programmen für Schülerinnen, die Sie im Adressteil am Schluss des Buches finden.

Was fang ich an mit meinem Studium? Mentoring für Studentinnen

Studentinnen können über eine Mentorin erste Einblicke in die Arbeits- und Berufswelt erhalten und für sich überprüfen, welcher Bereich – z.B. Privatwirtschaft, Verwaltung, Forschung etc. – für sie am interessantesten ist und wo sie ihre Fähigkeiten am besten entfalten können.

Gemeinsam mit der Mentorin kann die Mentee ihr individuelles Berufsziel nach dem Studium herausarbeiten. „Die Professoren scheinen mir für wirklich vertrauliche Gespräche über das Studium wenig geeignet … die haben sich um so viele von uns zu kümmern und vergessen manchmal sogar, dass man mit einem bestimmten Anliegen gekommen ist!"[9]

Wenn klar ist, wohin es gehen soll, kann gemeinsam mit der Mentorin der Verlauf des Studiums geplant und später ein auf den Zielberuf zugeschnittenes Thema für die Diplom- oder Magisterarbeit ausgewählt werden. „Christine Trautmann, als Physikerin bei der Gesellschaft für Schwerionen-Forschung in Darmstadt tätig und Mutter von drei Kindern, konnte der Studentin, deren Mentorin sie ist, beim Themenzuschnitt für die Diplomarbeit helfen."[10]

Gerade durch das Vorbild von Frauen wie Christine Trautmann bekommt eine Mentee Mut zur eigenen Karriere: Die Mentorin lebt vor, dass (und wie) Karriere und Kinder sich vereinbaren lassen und ermutigt die Mentee, ihren eigenen Weg zielstrebig weiterzugehen, auch gegen Widerstände, die vielfach eine Entscheidung „Kinder *oder* Karriere" nahezulegen scheinen.

Bei der Vermittlung von Praktikumsplätzen, die häufig die Grundlage für einen guten Arbeitsplatz im Anschluss an das Studium sind (und vielfach unter der Hand unter Männern vergeben werden[11]), kann die Mentorin ebenfalls helfen. Darüber hinaus bieten Praktika eine gute Möglichkeit zur Vorbereitung auf die Anforderungen des Berufslebens.

---

[9] Aus einem Artikel der „Frankfurter Rundschau" vom 08.03.2000 zum MentorinnenNetzwerk Darmstadt.

[10] Aus einem Artikel der „Frankfurter Rundschau" vom 15.04.1999.

[11] Vgl. einen Artikel in der „Frankfurter Neuen Presse" vom 21.04.1999 zum MentorinnenNetzwerk Darmstadt.

Die Mentorin ihrerseits kann über ihre Mentee Kontakt zur Hochschule, eventuell zu ihrer eigenen Alma Mater, halten und erhält weiterhin Einblick in aktuelle Forschungen und Entwicklungen. Im Übrigen kann die Mentee – je nach Studienfach und Semester – für die Mentorin eine gute Gesprächs- und Diskussionspartnerin für Fachthemen sein.

Auch für Mentoring während des Studium gilt: Studentinnen haben einen anderen Tagesrhythmus als bereits berufstätige Frauen. Machen Sie als Mentee Ihrer Mentorin die Organisation der Betreuung so einfach wie möglich.

Für Studentinnen ist es schwieriger, geeignete MentorInnen zu finden, als für Frauen, die bereits im Beruf stehen und über ein berufliches Netzwerk verfügen. Wenn Sie Interesse an einer Mentoring-Partnerschaft haben, empfehle ich Ihnen daher, sich bereits bei der Auswahl der Universität oder (Fach-)Hochschule, an der Sie studieren möchten, danach zu erkundigen, ob es ein organisiertes Mentoring-Programm gibt. Entsprechende Programme finden Sie im Adressteil am Schluss des Buches.

Alles ganz anders als bisher?
Mentoring für Berufsanfängerinnen

Für Berufsanfängerinnen bestehen die Vorteile von Mentoring unter anderem darin, dass sie sich mit Hilfe einer Mentorin den Übergang von der Schule, Fachhochschule oder Universität in den bisher ungewohnten Berufsalltag und dessen Strukturen erleichtern können.

Die Mentorin kann dabei helfen, Fettnäpfchen zu umgehen, die junge, gut ausgebildete und hochmotivierte Mitarbeiter häufig nicht rechtzeitig erkennen. So lässt sich vermeiden, dass man gleich zu Beginn Verständnis und Unterstützung der KollegInnen verscherzt. Auch wenn es darum geht, die internen und informellen Strukturen eines Unternehmens zu durchschauen und im Rahmen ungeschriebener Regeln erfolgreich zu agieren, kann die Mentorin wertvolle Hilfe leisten.

Wie schätzt man sich selbst ein und wie sehen andere die eigenen Fähigkeiten? Wer Selbst- und Fremdbild miteinander abgleicht, vermeidet ein Verhalten, das auf die KollegInnen überheblich wirken könnte und sich entsprechend negativ auswirkt. Im Gespräch mit der Mentorin lässt sich klären, was die eigenen Fähigkeiten für einen selbst und für andere bedeuten.

Vielfach unterschätzen Frauen die eigenen Kompetenzen. Zu zurückhaltendes Auftreten kann bewirken, dass man zu wenig wahrgenommen wird, um in firmeninterne Förderprogramme aufgenommen zu werden. Oder man verpasst es, mit den „richtigen" Personen in Kontakt zu kommen und die gleiche intensive und gute Einarbeitung zu erhalten wie andere, die sich in der gleichen Situation besser „verkaufen". Gerade durch Versäumnisse in der Anfangsphase der Berufstätigkeit passiert es häufig, dass männliche und weibliche Berufsanfänger zwar in der gleichen Ebene starten, die Männer dann aber in puncto Position und Gehalt schnell an den Frauen vorbeiziehen. Auch hier kann die Mentorin ausgleichend wirken und der Mentee dabei helfen, weder zu laut noch zu leise aufzutreten.

Beförderung geschafft – und dann? Mentoring für Aufsteigerinnen

Für Frauen, die dabei sind, die ersten Stufen der Karriereleiter zu erklimmen, ist eine Mentorin besonders hilfreich in der ersten Phase der Bewährung, in der sie sich und anderen beweisen müssen, dass sie die neue Position ausfüllen können. Als Mentee können Berufsaufsteigerinnen

- gemeinsam mit der Mentorin ausprobieren, wie sie im Unternehmen künftig agieren möchten, bevor sie ein bestimmtes Verhalten dann tatsächlich umsetzen. Die Mentoring-Beziehung bietet gewissermaßen das sichernde Netz;
- auftretende Probleme mit der Mentorin besprechen und gemeinsam mit ihr zeitnah Lösungsansätze erarbeiten;
- im Gespräch mit der Mentorin ihr Selbstbewusstsein stärken;
- von der Führungserfahrung der Mentorin profitieren;
- über die Mentorin schneller als allein die nun notwendigen neuen Netzwerke aufbauen;

- von den strategischen Erfahrungen der Mentorin profitieren;
- die erweiterte Perspektive nutzen, die die Mentorin aufgrund ihrer Erfahrungen besitzt. Die Mentorin handelt gewissermaßen „aus der Vogelperspektive".

Was will ich in Zukunft erreichen?
Mentoring in Phasen beruflicher Neuorientierung

In der Phase der Neuorientierung verfügen Frauen bereits über berufliche Erfahrungen und stellen sich die Frage: „Was will ich weiterhin beruflich machen, bewegen und erreichen?"

Gemeinsam mit einer Mentorin lässt diese Frage sich deutlich objektiver bedenken als z. B. mit Verwandten oder Freunden, die häufig bereits ein bestimmtes Bild von Ihnen haben und eventuell vor Veränderungen zurückschrecken. Im Gegensatz dazu lernt die Mentorin die Mentee unter den Bedingungen der Neuorientierung kennen und ist nicht durch Erfahrungen aus der Vergangenheit beeinflusst.

Die Mentee sollte die Mentoring-Partnerschaft dazu nutzen, sich mit bislang verdrängten Fragen und Situationen auseinander zu setzen. Das ist notwendig, damit sich ein wirklich umfassendes Bild als Grundlage für eine Neuorientierung ergibt. Nur dann kann die Neuorientierung zufriedenstellend angegangen werden. Im Gespräch zwischen Mentorin und Mentee können mögliche Perspektiven ausgelotet und das Selbstbewusstsein der Mentee gestärkt werden, damit sie die für die Neuorientierung notwendigen Entscheidungen treffen kann. Auch Strategien, mit deren Hilfe die neuen Ziele zu erreichen sind, können von Mentorin und Mentee gemeinsam entwickelt werden.

Wie gehe ich den Neuanfang an?
Mentoring für Berufsumsteigerinnen

Unter einer Berufsumsteigerin verstehe ich eine Frau, die sich nach einer Phase der Neuorientierung dazu entschlossen hat, in Zukunft in einem anderen beruflichen Umfeld oder Bereich als bisher tätig zu sein.

In diesem Abschnitt des Berufslebens liegen die Vorteile des Mentorings überwiegend im Bereich fachlicher Kompetenzen und neuer Kontakte: In der Phase der Neuorientierung hat die Umsteigerin sich vor allem mit sich selbst, den eigenen Neigungen und Fähigkeiten auseinander gesetzt. Nun, wo klar ist, in welchem Bereich es weitergehen soll, geht es für sie darum, sich das für die neue Tätigkeit erforderliche Handwerkszeug anzueignen. Es empfiehlt sich daher, sich eine Mentorin zu suchen, die selbst in der neuen Branche oder dem neuen Bereich tätig ist und dort konkrete, praktische Erfahrungen und Kontakte hat. Branchenübergreifendes Mentoring ist dazu nicht geeignet (vgl. dazu auch Kapitel 2).

Wie fasse ich schnell wieder Tritt?
Mentoring für Wiedereinsteigerinnen

Wiedereinsteigerinnen sind Frauen, die nach einer Zeit, in der sie nicht berufstätig waren – z. B. nach der Babypause – wieder in ihren angestammten Beruf zurückkehren. Sie können mit Hilfe einer Mentorin schneller als allein den Anschluss an die neuesten Entwicklungen in ihrer Branche und ihrem Unternehmen finden. Im Beruf wieder Tritt zu fassen und sich weiterzuentwickeln wird dadurch einfacher.

Auch beim Mentoring für Wiedereinsteigerinnen geht es also in erster Linie um praktische Fähigkeiten und konkrete Orientierungshilfen im persönlichen Umfeld und im jeweiligen Unternehmen der Mentee. Folgerichtig ist auch dazu unternehmensinternes Mentoring besser geeignet als branchen- oder unternehmensübergreifendes Mentoring (vgl. dazu auch Kapitel 2).

Kapitel 6

Mentoring praktisch, Teil I: So bereiten Sie die Mentoring-Partnerschaft vor

Wie Sie sich als Mentee auf Mentoring vorbereiten

Wie so oft im Leben ist auch beim Mentoring eine gute Vorbereitung schon fast die halbe Miete. Sie erfahren darum im folgenden Abschnitt, was Sie als Mentee tun können, um eine erfolgreiche Mentoring-Partnerschaft vorzubereiten.

Wie sehen Ihre Bedürfnisse und Erwartungen aus?

Der erste Schritt auf dem Weg zu einer guten Mentoring-Partnerschaft besteht in der Identifikation der Bedürfnisse und Erwartungen der Mentee. Es ist sehr wichtig, dass Sie als Mentee sich im Klaren darüber sind

- warum Sie eine MentorIn benötigen,
- wozu Sie eine MentorIn benötigen,
- was Sie von ihr erwarten,
- welche Ziele Sie durch das Instrument Mentoring erreichen wollen.

Je genauer Sie Ihre Bedürfnisse kennen, desto besser können Sie ein Mentorinnen-Profil erstellen und anhand dieses Profils ausmachen, wer die ideale Mentorin für Sie sein könnte. Die differenzierte Kenntnis Ihrer Bedürfnisse erleichtert es Ihnen, diese der Mentorin eindeutig zu kommunizieren und Ihre Erwartungen an die Mentoring-Partnerschaft zu formulieren. Auch die Gestaltung und Durchführung des tatsächlichen Mentoring-Prozesses profitiert davon, dass Sie Ihre Erwartungen und Ziele klar formulieren. Die folgenden Fragen können Ihnen dabei helfen:

- Stehen bei Ihnen im Beruf in den nächsten ein bis zwei Jahren Veränderungen oder weitere Karriereschritte an? Wenn ja, welche? Welche Qualifikationen und Kompetenzen benötigen Sie bis dahin? Welche persönliche Entwicklung wollen oder sollten Sie bis dahin durchlaufen haben?
- Wollen Sie sich beruflich oder persönlich weiterentwickeln?
- Gibt es an Ihnen oder in Ihrem Leben Dinge, die Sie verbessern oder verändern wollen?
- Laufen bei Ihnen im Moment berufliche Dinge nicht ganz rund? Falls ja: Aus welchen Gründen?
- Fehlen Ihnen für Ihren beruflichen Weg Vorbilder und Menschen, die Sie unterstützen?
- Wie sieht Ihre Zukunft im privaten Bereich aus? Werden sich dort in Zukunft Änderungen ergeben, die Einfluss auf Ihre berufliche Situation haben könnten? Möchten Sie z. B. eine Familie gründen und Kinder bekommen; haben sie einen Angehörigen zu pflegen; möchten Sie in eine andere Stadt umziehen?
- Möchten Sie sich neben Ihrem eigentlichen Beruf noch in einer weiteren Tätigkeit engagieren, z. B. als Trainerin, in der Politik oder in einem Ehrenamt? Benötigen Sie dazu Unterstützung und Kontakte?
- Möchten Sie sich auf die zukünftigen Veränderungen des Arbeitsmarkts adäquat vorbereiten?
- Welche Fähigkeiten und Kompetenzen benötigen Sie für zukünftige berufliche Tätigkeiten?

- Möchten Sie sich persönlich weiterentwickeln?
- Kennen Sie Ihre beruflichen Perspektiven und Ihre Möglichkeiten? Wissen Sie, wie Sie diese konkret umsetzen können?
- Fehlt Ihnen Feedback von Außenstehenden, die nicht zu Ihrem Umfeld gehören und unvoreingenommen über Sie urteilen und Ihnen Rat geben?

Wenn Sie verschiedene dieser Fragen mit „ja" beantworten können (vielleicht auch schon in weiteren Einzelheiten), kann Mentoring Ihnen grundsätzlich weiterhelfen.

Erweitern und vervollständigen Sie nun Ihre bisherigen Antworten auf die Fragen. Wenn Sie Ihre Bedürfnisse identifiziert und formuliert haben, können Sie den nächsten Schritt tun und Ihre Ziele definieren.

Zieldefinition

Ihre Ziele sollten Sie so klar und präzise wie möglich formulieren. Genau wie bei der Identifikation von Bedürfnissen ist auch hier wichtig, dass Sie ein klares Bild erhalten. Denn dann können Sie ein klares und aussagefähiges Mentorinnen-Profil erstellen und eine Mentorin finden, die zu Ihnen passt.

Ihre Ziele sollten unter dem zeitlichen Aspekt einer Mentoring-Partnerschaft sowie vor dem Hintergrund Ihrer Vor- und Ausbildung und Ihrer beruflichen Ausgangsposition realistisch formuliert sein. Für Sie als Mentee wie für Ihre Mentorin ist es gleichermaßen frustrierend, wenn Ihre Ziele am Ende der Mentoring-Partnerschaft nicht erreicht wurden. Es ist z. B. wenig realistisch, sich vorzunehmen, innerhalb von sechs Monaten Abteilungsleiterin von 200 MitarbeiterInnen zu sein, obwohl Sie im Moment als Sachbearbeiterin tätig sind. Aber: Nicht das Ziel als solches ist unrealistisch, sondern der Zeitplan – zu einem späteren Zeitpunkt mag dies anders aussehen.

Sie sollten ehrlich mit sich selbst sein, wenn Sie Ihre Ziele definieren. Bitte fragen Sie sich: Sind das wirklich *meine* Ziele, oder versuche ich den Erwartungen anderer gerecht zu werden? (Z. B. der Eltern, der Familie, des Partners)

Offene und versteckte Ziele
Manchmal wird innerhalb der Mentoring-Partnerschaft über ein Ziel gesprochen, hinter dem sich in Wirklichkeit ein anderes Ziel verbirgt, das sich

- grundsätzlich nicht durch Mentoring erreichen oder lösen lässt oder
- noch nicht als Ziel definiert wurde, für das man sich aktiv einsetzen möchte.

Prüfen Sie darum auch, ob das von Ihnen formulierte Ziel Ihr tatsächliches Ziel ist oder sich dahinter ein anderes, unausgesprochenes Ziel verbirgt.

Ein Beispiel hierzu:
Sie wenden sich an eine Mentorin mit dem erklärten Ziel, Ihr Zeitmanagement zu verbessern, weil Sie Familie und Beruf besser vereinbaren und nicht mehr so gestresst sein wollen. Das versteckte Ziel hinter diesem Wunsch ist die Klärung der Verantwortlichkeit und Zuständigkeit für Ihre Kinder innerhalb Ihrer Partnerschaft. Solange dieses versteckte Ziel nicht auf den Tisch kommt, werden Sie in der Mentoring-Partnerschaft nur an den Symptomen arbei-

ten. Erfahrungsgemäß kommen solche versteckten Ziele allerdings über kurz oder lang zum Vorschein. Effektiver ist es jedoch, Ziele von vornherein auch unter dem Aspekt „offen oder versteckt" zu klären und zu definieren. Wer sich wann um die Kinder kümmert, ist allerdings kein unmittelbar berufliches Problem und sollte daher nicht im Rahmen einer Mentoring-Partnerschaft angegangen werden.

Ein weiteres Beispiel:
Sie wenden sich an eine Mentorin mit dem Ziel, Ihre fachlichen und methodischen Kompetenzen zu erweitern und zu verbessern, um in den kommenden ein bis zwei Jahren den nächsten Karriereschritt zu machen. Tatsächlich mangelt es Ihnen an Vertrauen in Ihre Stärken und Fähigkeiten, das Sie mit immer mehr Fachkompetenz zu kompensieren versuchen. Darüber hinaus haben Sie bisher vernachlässigt, sich und Ihre Kompetenzen angemessen zu vermarkten. Auch hier bin ich mir sicher, dass das eigentliche Ziel letztlich nicht verborgen bleiben wird. Aber auch hier vergeht wertvolle Zeit, bis das tatsächliche Ziel definiert wird. Diese Zeit hätte besser dazu genutzt werden können, an der Erreichung des eigentlichen Ziels zu arbeiten.

Hier einige Leitfragen, die Ihnen die persönliche Zieldefinition erleichtern können:

- ▨ Was möchten Sie am Ende der Mentoring-Partnerschaft dazugelernt haben? Handelt es sich um methodische, fachliche oder soziale Kompetenzen? Was möchten Sie durch die Mentoring-Partnerschaft erreichen? Formulieren Sie konkret die von Ihnen angestrebten Kompetenzen.
- ▨ Wohin möchten Sie sich weiterentwickeln?

- Welche Art von Unterstützung erwarten Sie von Ihrer Mentorin? Möchten Sie, dass sie Ihnen Kontakte vermittelt? Möchten Sie Projekte übertragen bekommen? Erstellen Sie eine konkrete Aufzählung dessen, was Sie möchten.
- Wo möchten Sie nach Abschluss des Mentoring-Prozesses stehen – persönlich, methodisch und fachlich?
- Welche Position möchten Sie danach im Unternehmen bekleiden oder welche vom Unternehmen oder Ihrem Vorgesetzten vorgegebenen Ziele möchten Sie erreicht haben?
- Welche Ziele möchten Sie nach Abschluss des Mentoring-Prozesses für Ihre Selbständigkeit oder Ihr eigenes Unternehmen erreicht haben?
- Welche Funktion in der Politik möchten Sie erreicht haben?
- Zu welchen Veranstaltungen möchten Sie von Ihrer Mentorin mitgenommen werden und sich dort über das Mentoring hinaus etablieren?

Welche Form von Mentoring ist die richtige für Sie?

Sie finden im Folgenden erneut einige Leitfragen, mit denen Ihnen die Auswahl der für Sie richtigen Form von Mentoring erleichtert werden soll. Ich empfehle Ihnen, anhand dieser Leitfragen das Kapitel 2 dieses Buchs durchzulesen und mit Hilfe Ihrer Antworten diejenige Form des Mentorings auszuwählen, die Ihren Vorstellungen und Bedürfnissen am nächsten kommt.

- Welche Art von „Input" und Feedback benötigen Sie von außen? Hilft es Ihnen eher, Dinge im persönlichen Gespräch zu formulieren oder möchten Sie bestimmte Anregungen ganz konkret durchspielen?
- Wie und unter welchen Umständen lernen Sie am besten?

Indem Sie sich einen Sachverhalt selbst erarbeiten, mit Hilfe von Beispielen/Vorbildern oder durch praktisches Ausprobieren?

- Welche Methode ist für Sie zeitlich und örtlich passend? Bevorzugen Sie die Kommunikation via E-Mail oder Telefon oder wären Ihnen persönliche Treffen lieber?
- Benötigen Sie eher eine Mentorin oder eher einen Mentor?
- Sind für Sie Kontakte der Mentorin/des Mentors in Ihrem eigenen Unternehmen wichtig?
- Benötigen Sie Kontakte außerhalb Ihres (bisherigen) Unternehmens?
- Möchten Sie Projekte im Auftrag Ihrer Mentorin/Ihres Mentors durchführen?
- Soll Ihre Mentorin/Ihr Mentor Ihnen einen Praktikumsplatz vermitteln?
- Möchten Sie Ihren Horizont erweitern und benötigen eine Mentorin/einen Mentor aus einer anderen Branche?
- Möchten Sie sich örtlich verändern und brauchen Sie hierzu eine Mentorin/einen Mentor in einer anderen Stadt oder einem anderen Land?
- Brauchen Sie zeitnah einen Mentor/eine Mentorin und wollen Sie sich ihn oder sie lieber über eine externe Agentur vermitteln lassen?
- Möchten Sie sich Ihre Mentorin/Ihren Mentor lieber selbst suchen, auch wenn dies mehr Zeit in Anspruch nimmt?
- Sind Sie Schülerin, Studentin, Berufsanfängerin, Aufsteigerin, Umsteigerin, Wiedereinsteigerin oder befinden Sie sich in einer Phase der Umorientierung?
- Und schließlich: Können die Ziele, die Sie formuliert haben, mit der Form des Mentorings verwirklicht werden, die sich nach Beantwortung dieser Fragen am ehesten anbietet?

Welche Funktion soll Ihre Mentorin für Sie haben?

Für Sie als Mentee ist es wichtig, die im 4. Kapitel zusammenge-stellten Informationen zur Funktion der Mentorin mit Ihren Vor-stellungen abzugleichen. Auch danach richtet sich, welche Form von Mentoring für Sie am geeignetsten ist und ob Ihre Vorstellun-gen realistisch sind.

Erstellen Sie ein Mentorinnen-Profil

Um das Profil für Ihre ideale Mentorin zu erstellen, empfehle ich Ihnen, sich an den Leitfragen zur Auswahl der Form der Mento-ring-Partnerschaft zu orientieren. In Ihren Antworten haben Sie bereits das Profil der für Sie geeigneten Mentorin skizziert und sollten dieses nun noch einmal schlagwortartig zusammenfassen.

Identifizieren und finden Sie Ihre Mentorin

Wenn Sie das Profil der von Ihnen gesuchten Mentorin erstellt haben, können Sie den nächsten Schritt für eine erfolgreiche Men-toring-Partnerschaft in Angriff nehmen – Mentorinnen identifi-zieren und finden.

Je nachdem, welche Form von Mentoring Sie für sich als optimal erkannt und ausgewählt haben, finden Sie im Adressteil Kontakt-adressen verschiedener Mentoring-Projekte, unterteilt nach den verschiedenen Formen von Mentoring. Das Verzeichnis enthält auch die Adressen von offenen Mentoring-Projekten und Projek-ten für Mentoring in den unterschiedlichsten Strukturen und Be-reichen.

Zusätzlich finden Sie im Adressteil Adressen von regionalen Expertinnen-Beratungsnetzen und nationalen und internationalen Frauennetzwerken. Dort finden Sie Frauen, die für Sie potentielle Mentorinnen darstellen und die Ihnen außerhalb von offiziellen Mentoring-Programmen entweder als Expertinnen oder Mentorinnen mit ihren Erfahrungen weiterhelfen.

Bitte vergessen Sie nicht, auch zu überlegen, ob es in Ihrem nahen oder entfernteren Bekanntenkreis jemanden gibt, der als Mentorin für Sie geeignet wäre. Sprechen Sie die betreffende Frau oder andere Menschen, die Ihnen in dieser Hinsicht interessant erscheinen, auf Ihr Anliegen an. Häufig ist die Reaktion viel positiver und entgegenkommender als vermutet. Halten Sie bei den verschiedensten Anlässen Augen und Ohren offen, um potentielle Mentorinnen für sich zu erkennen. (Vgl. dazu auch das Interview in Kapitel 9 mit Claudia Weber.)

Wenn Sie auf der Suche nach einem für Sie passenden Netzwerk sind, empfehle ich Ihnen, Kontakt zu mehreren Frauennetzwerken aufzunehmen, einige der angebotenen Veranstaltungen als Interessentin zu besuchen und sich dann für ein Netzwerk zu entscheiden, bei dem Sie sich wohl fühlen und den Eindruck haben, dass es für sie „passt". Dort können Sie dann Mitglied werden. Möglichst gut und schnell erschließen sich Ihnen die Vorteile, die diese Netzwerke bieten, wenn Sie sich mit Ihren Kompetenzen und Fähigkeiten einbringen. Die bloße Mitgliedschaft nutzt das vorhandene Potential nicht genügend. In einem Netzwerk ist es sehr wichtig, dass Sie andere Menschen kennen lernen und Kontakte knüpfen – und umgekehrt: Andere lernen Sie und Ihre Kompetenzen und Fähigkeiten kennen. Das geht am besten, wenn Sie sich aktiv durch ehrenamtliche Arbeit beteiligen. Erfahrungsgemäß ergeben sich nach den ersten Monaten aktiver Teilnahme die ersten Vorteile und Kontakte, unter anderem vielleicht zu Ihrer künftigen Mentorin.

Darüber hinaus bieten verschiedene Frauennetzwerke formelle und informelle Mentoring-Programme an, die Sie als Mitglied für sich nutzen können.

Ansonsten gibt es für Sie auch die Möglichkeit, eine oder mehrere Mentorinnen über die Industrie- und Handelskammern, bei Zusammenschlüssen von ehemaligen StudentInnen Ihrer Universität oder ehemaligen StipendiatInnen einer Organisation, von der Sie selbst ein Stipendium erhalten haben, wie dem Deutschen Akademischen Austausch Dienst (DAAD) – www.daad.de – oder der Carl-Duisberg-Gesellschaft (CDG) – www.cdg.de – zu finden. Ihrer Phantasie im Hinblick darauf, wo Sie Ihre ideale Mentorin finden, sollten Sie sich selbst keine Grenzen setzen.

Bevor Sie sich für eine Mentorin entscheiden, sollten Sie folgende Fragen mit „ja" beantworten können:

- Zeigt die potentielle Mentorin Interesse an Ihrer Lebens- und Karriereplanung und Ihren Fragestellungen?
- Respektiert die potentielle Mentorin Sie als Person, Ihre Einstellungen und Ihre Meinung?
- Verfügt die potentielle Mentorin über eine positive Ausstrahlung und Lebenseinstellung, um Ihnen bei negativen Erlebnissen wieder Mut zu machen?
- Stimmt die „Chemie" zwischen Ihnen?
- Handelt es sich bei der betreffenden Person *nicht* um Ihre direkte Vorgesetzte / Ihren Vorgesetzten?

Wie Sie sich als Mentorin auf Mentoring vorbereiten

Auch für die Mentorin empfiehlt es sich, die Mentoring-Partnerschaft vorzubereiten. Im diesem Abschnitt möchte ich die verschiedenen Bereiche beschreiben, zu denen Sie sich als Mentorin eine Meinung bilden sollten, um gemeinsam mit Ihrer Mentee eine erfolgreiche Mentoring-Partnerschaft zu gestalten.

Unterziehen Sie die Bedürfnisse der Mentee einer kritischen Betrachtung

Die Auswertung eines neuseeländischen Mentoring-Projekts für Existenzgründerinnen hat gezeigt, dass es für den objektiven und subjektiven Erfolg der Mentoring-Partnerschaft sehr wichtig ist, die Bedürfnisse und damit die Erwartungen der beiden Mentoring-Partner genau zu definieren und zu kommunizieren – insbesondere die der Mentee.

Folgende Leitfragen helfen Ihnen, die von der Mentee formulierten Bedürfnisse und Erwartungen kritisch zu hinterfragen:

- Halten Sie die formulierten Bedürfnisse und Erwartungen für realistisch?
- Glauben Sie versteckte Bedürfnisse und Erwartungen entdecken zu können? (Vgl. hierzu die Erläuterungen unter „Offene und versteckte Ziele" in diesem Kapitel.)
- Sind die Bedürfnisse und Erwartungen so formuliert und definiert, dass Sie beide das Gleiche darunter verstehen, oder könnte es zu Missverständnissen kommen?

Hinterfragen Sie die Ziele der Mentee

Folgende Leitfragen helfen Ihnen, die von der Mentee formulierten Ziele zu hinterfragen:

- Halten Sie die formulierten Ziele in Bezug auf den Zeitfaktor, die Ausbildung der Mentee und ihre aktuelle beruflichen Situation und Position für realistisch?
- Handelt es sich bei den Zielen wirklich um die Ziele der Mentee oder eher um Erwartungen anderer?
- Sind die Ziele präzise und für beide Mentoring-Partner klar verständlich formuliert?

Prüfen Sie, ob die von der Mentee gewählte Form der Mentoring-Partnerschaft die richtige ist

Folgende Leitfragen helfen Ihnen, die von der Mentee angedachte oder ausgewählte Form des Mentorings zu hinterfragen:

- Ist die angedachte oder ausgewählte Form des Mentorings für beide Mentoring-Partner praktikabel?
- Erscheint die angedachte oder ausgewählte Form des Mentorings im Hinblick auf das oder die angestrebten Ziele sinnvoll?
- Sind die angestrebten Ziele mit dieser Form des Mentorings unter dem vorgegebenen Zeithorizont erreichbar?

Klären Sie Ihre Rolle und Funktion als Mentorin für sich und gleichen Sie sie mit den Vorstellungen der Mentee ab

Um die Mentoring-Beziehung für beide Mentoring-Partner so zu gestalten, dass beide ihre Ziele erreichen und von dem Prozess profitieren, ist es wichtig, dass nicht nur die Erwartungen und Ziele definiert und kommuniziert werden, sondern auch das Rollenverständnis der beiden Partner und die Funktion, die sie in der Beziehung füreinander haben.

Die Mentee hat anhand der von ihr definierten Rolle und Funktion einer Mentorin für ihre Mentoring-Partnerschaft die von ihr bevorzugte Form von Mentoring ausgewählt. Für Sie als Mentorin ist es wichtig, dass Sie Ihre Rolle und Funktion, wie sie die Mentee definiert hat, abgleichen mit Ihrer eigenen Vorstellung und mit dem, was die gewählte Form des Mentorings ermöglicht. Wenn Sie und Ihre Mentee sich z. B. für virtuelles Mentoring entschieden haben, weil sie weit voneinander entfernt leben, ist es wenig realistisch zu erwarten, dass Sie Ihre Mentee zu Veranstaltungen oder an Ihren Arbeitsplatz mitnehmen.

Die in Kapitel 4 zusammengestellten Informationen zur Rolle und Funktion der Mentorin können Ihnen die Überprüfung der definierten Rolle und Funktion erleichtern.

Kapitel 7

Mentoring praktisch, Teil II: So führen Sie die Mentoring-Partnerschaft durch

Die praktische Durchführung der Mentoring-Partnerschaft läuft in drei Phasen ab:

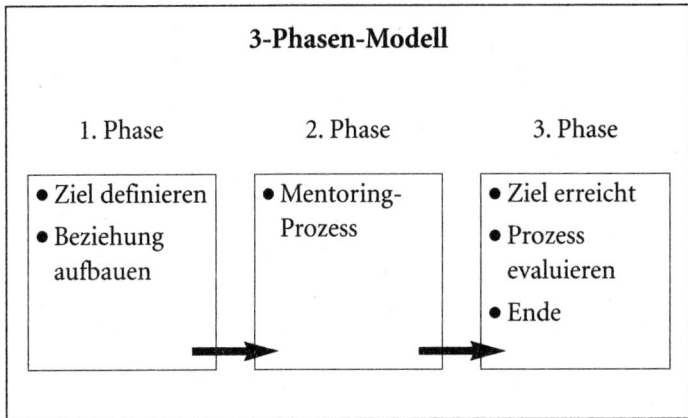

3-Phasen-Modell

1. Phase	2. Phase	3. Phase
• Ziel definieren • Beziehung aufbauen	• Mentoring-Prozess	• Ziel erreicht • Prozess evaluieren • Ende

Erste Phase:
Sich kennen lernen, Grundsätzliches klären

Mentorin und Mentee nehmen Kontakt miteinander auf und besprechen, ob sie sich eine gemeinsame Mentoring-Partnerschaft grundsätzlich vorstellen können. Dazu gehört das Abklären der Ausgangsposition: Ist die Mentee z. B. Berufsanfängerin, Wiedereinsteigerin oder Umsteigerin? Geklärt werden müssen auch die Form des Mentorings, die wichtigsten Ziele und die Häufigkeit der Kontakte. Jede der Beteiligten kann auch jetzt noch „nein" zur Mentoring-Partnerschaft sagen, wenn sie den Eindruck hat, dass etwas für sie doch nicht „passt".

In den folgenden Gesprächen bestimmen Mentorin und Mentee gemeinsam den momentanen Ist-Zustand und den angestrebten Soll-Zustand der Mentee. Zur Bestimmung des Ist- und Soll-Zustands hat es sich bewährt, eine Aufstellung der Stärken und Schwächen zu erstellen: Die Mentee erstellt ein Selbstbild von sich und die Mentorin hält fest, wo sie die Stärken und Schwächen der Mentee sieht (Fremdbildbestimmung). Anschließend wird beides miteinander abgeglichen, um zu sehen, welche Fähigkeiten und Kompetenzen vorhanden sind und welche noch erworben werden sollten.

Im Anschluss daran werden die Ziele der Mentee besprochen und definiert. Als Hilfsmittel dazu kann der Vorschlag für eine Mentoring-Vereinbarung im Anhang dieses Buches als grober Leitfaden herangezogen werden. Wenn über die Inhalte Konsens hergestellt ist, kann die Vereinbarung ausgefüllt und unterschrieben werden.

Jetzt sollten auch der zeitliche Horizont der Partenrschaft, die Häufigkeit und die Form des Kontakts festgelegt werden. Planen Sie, wieviel Zeit Sie pro Woche für die Mentoring-Partnerschaft aufwenden können. So vermeiden Sie eine Über- oder Unterforderung Ihres persönlichen Zeitbudgets. Folgende Fragen sind in diesem Zusammenhang sinnvoll:

- Was ist das bevorzugte Kommunikationsmedium?
- Wollen Sie einander geschäftlich oder lieber privat kontaktieren?
- Zu welcher Zeit ist man ansprech- und erreichbar?

(Hier sollte unter anderem auch an bevorstehende längere Urlaube gedacht werden.)

- Welche Fragen können zwischendurch geklärt werden?
- Welche Fragen sollten lieber bei den „offiziellen" Kontakten und Treffen besprochen werden?
- Haben beide Partnerinnen verstanden, was von ihnen erwartet wird?
- Fühlt jede der beiden sich in ihren Erwartungen verstanden?
- Wo könnte es kontroverse Ansichten und Vorgehensweisen geben?

Es empfiehlt sich, auch konkrete gemeinsame Aktivitäten wie z. B. den Besuch von Vorträgen, Firmenveranstaltungen, gemeinsame Mittagessen etc. zu formulieren.

Sinnvoll ist auch, dass sich beide Partnerinnen auf einen Zeitplan mit zu erreichenden Meilensteinen festlegen, um gegebenenfalls Misserfolge und Fortschritte frühzeitig erkennen und den zeitlichen Bedarf einplanen zu können.

Diese erste Phase sollte auf gar keinen Fall unterschätzt oder allzu schnell „absolviert" werden. Je intensiver zu Beginn die Erwartungen, Ziele und Vorstellungen abgeklärt werden, desto zufriedener sind Mentee und Mentorin am Ende. Es sollten nicht nur offene Erwartungen und Ziele, sondern auch etwaige implizite und versteckte Bedürfnisse der Mentorin und Mentee thematisiert werden.

Das an anderer Stelle bereits erwähnte neuseeländische Mentoring-Projekt hat deutlich gezeigt, dass die abschließende Zufriedenheit sehr stark mit der korrekten und für beide Partnerinnen klaren Zielvereinbarung und einem klar definierten Vorgehen zusammenhängt. Achten Sie in diesem Zusammenhang insbesondere auf allgemeine und zeitliche Realisierbarkeit der von Ihnen festgehaltenen Ziele.

Wie lange die „Aufwärm-Phase" dauert, ist individuell verschieden – auf alle Fälle ist wichtig, dass sich zwischen beiden Partnerinnen ein Gefühl des Vertrauens bildet.

Zweite Phase:
Intensiv miteinander arbeiten

Die zweite Phase umfasst die Durchführung der eigentlichen Mentoring-Partnerschaft.

Die Kontakte und Treffen zwischen der MentorIn und der Mentee sind in dieser Phase am intensivsten und sollten möglichst effizient genutzt werden. Die Treffen bedürfen daher einer sehr guten Vorbereitung. Da die Mentee die Lernende ist und diejenige, deren Zielvorstellungen angestrebt werden, empfiehlt es sich, dass die Mentee die Treffen vorbereitet. So kann sie ihre Interessen in den Austausch einbringen und die Arbeitsbelastung für die Mentorin erträglich halten. Wie die Arbeitsteilung konkret aussehen soll, müssen die beiden Partnerinnen miteinander klären.

Die Vorbereitung der Treffen sollte sich an folgenden Leitfragen orientieren.

- Wie sind die zuletzt besprochenen Schritte umgesetzt worden?
- Was gibt es zu besprechen?
- Was möchte die Mentee fragen?
- Was möchte die Mentorin fragen?
- Wie sieht der nächste konkrete Schritt aus?
- Gibt es Probleme?

Der Ablauf des Gesprächs sollte vorab strukturiert werden. Die Partnerin, die die Vorbereitung übernommen hat, kann der anderen eine Art „Tagesordnung" für das nächste Treffen möglichst per Fax oder E-Mail zukommen lassen. Im Anschluss an den Kontakt oder das Treffen sollte eine der beiden Partnerinnen eine kurze schriftliche Zusammenfassung der besprochenen und vereinbarten Punkte anfertigen und sie der anderen zur Verfügung stellen. Diese strukturierenden Vor- und Nachbereitungen kosten zwar Zeit, sind aber eine gute Übungsmöglichkeit insbesondere für die Mentee und bieten neben den fachlichen und persönlichen Entwicklungsmöglichkeiten Gelegenheit zum methodisches Lernen. Insgesamt lässt sich auf diese Weise die Mentoring-Partnerschaft effizient und insbesondere für die Mentorin zeitschonend gestalten.

Wenn die Mentee die Vor- und Nachbereitungen – eventuell auch die Gesprächsführung – der Treffen übernimmt, sollte das Feedback der Mentorin auch dieses methodische Vorgehen betreffen. In jedem Fall sollen die Regeln des Feedback – Geben und Nehmen – beachtet werden. Auch hier gilt, dass die beiden Mentoring-Partnerinnen selbst die Vorgehensweise bestimmen und diese jederzeit im gegenseitigen Einvernehmen ändern können.

Auch die Kontakte zwischendurch, z. B. per Telefon oder E-Mail, bedürfen der strukturierten Vor- und Nachbereitung. Die Anrufende sollte sich vorher gründlich überlegen, was sie genau fragen möchte und wie sie ihre Fragen klar und verständlich formuliert. Bevor die Anrufende ihre Fragen „an die Frau bringen" kann, sollte sie sich überlegen, ob der gewählte Zeitpunkt grundsätzlich in Ordnung ist und ob man besser privat oder geschäftlich anruft. Bevor man seine Fragen stellt, sollte geklärt werden, ob der Anruf gelegen kommt oder nicht und gegebenenfalls zu einem späteren Zeitpunkt nochmals anrufen.

Auch bei Kontakten per E-Mail sollte sorgfältig vorgegangen werden (achten Sie auf Grammatik und Rechtschreibung!). Sehen Sie sich das Geschriebene vor dem Absenden unter dem Gesichtspunkt der Lesenden an und korrigieren Sie gegebenenfalls missverständliche Formulierungen. Beide Mentoring-Partnerinnen bestimmen auch hier Vorgehensweise und Form und können diese jederzeit im beiderseitigen Einvernehmen ändern. Es ist allerdings wichtig, die Änderungswünsche auch tatsächlich zu kommunizieren und nicht nur sein eigenes Vorgehen zu ändern.

Während der Mentoring-Partnerschaft kann es dazu kommen, dass die Situation der Mentorin oder der Mentee sich verändert, z. B. durch Arbeitsplatzwechsel, Arbeitsplatzverlust etc. Dann sollten sowohl die Verfahrensweise als auch die Zielvereinbarung gemeinsam überdacht und, wenn nötig, verändert werden. In solchen Situationen kann es unter Umständen sinnvoll sein, die Mentoring-Partnerschaft zu unterbrechen oder ganz zu beenden.

Die Mentoring-Partnerschaft unterliegt nicht nur äußeren Veränderungen. Auch innerhalb der Beziehung kann sich der Blickwinkel der Mentorin und der Mentee ändern. In diesem Fall ist genauso zu verfahren wie bei äußeren Veränderungen: Wiedereintritt in die erste Phase, inhaltliche und methodische Neubestimmung der Mentoring-Partnerschaft und ihrer Durchführung.

Trotz guter Vorbereitung und grundsätzlich guter Zusammenarbeit kann es zwischen Mentorin und Mentee zu Problemen oder Konflikten kommen. Sie sollten in jedem Fall thematisiert und angesprochen werden, damit sie sich nicht so lange aufstauen, bis einer der Beteiligten „der Kragen platzt". Wenn Mentorin und Mentee alleine keine Lösung finden, empfiehlt es sich, eine dritte, von beiden Seiten akzeptierte Person als Moderatorin zu suchen.

Diese Moderatorin wird gemeinsam mit beiden Partnerinnen die Probleme besprechen; anschließend kann ein für alle praktikabler Lösungsansatz erarbeitet werden. Falls sich wider Erwarten die Probleme nicht lösen lassen, sollten sich Mentorin und Mentee in gegenseitigem Einvernehmen darauf einigen, den Mentoring-Prozess zu stoppen, die Zielvereinbarung aufzuheben und die Mentoring-Partnerschaft aufzulösen.

Das Konfliktpotential ist erfahrungsgemäß bei den Mentoring-Partnerschaften am größten, bei denen die Auswahl und Zusammenführung der beiden Partnerinnen nicht durch eine dritte Instanz erfolgt („Matching"). In diesem Zusammenhang soll daher nochmals auf Kapitel 6 hingewiesen werden: Eine sorgfältige Vorbereitung der Mentoring-Parterschaft, insbesondere was die Identifizierung der Mentorin angeht, trägt dazu bei, das Konfliktpotential überschaubar zu halten.

Dritte Phase:
Es gilt sich auch wieder zu trennen

Es kommt immer wieder vor, dass es Mentoring-Partnerinnen schwer fällt, sich schließlich wieder zu trennen. Nicht nur aus diesem Grund ist es wichtig, zu Beginn die Laufzeit der Partnerschaft zu fixieren, damit sich die Partnerinnen

- auf den zeitlichen Horizont einstellen können, denn eine Mentoring Partnerschaft bedeutet eine Verpflichtung, die sowohl zeitlich als auch inhaltlich in den Alltag integriert werden muss.
- ohne schlechtes Gewissen voneinander trennen und die Mentoring-Partnerschaft beenden können.

Akzeptieren
sie's

Alles hat einmal
ein Ende – auch die
Mentoring-
Partnerschaft

Es steht den Beteiligten dennoch offen, über den formell vereinbarten Zeitraum hinaus die Partnerschaft entweder formell – mit erneutem Abschluss einer Mentoring-Vereinbarung – oder informell fortzusetzen.

Was man tun und was man besser lassen sollte: Do's und Don'ts für Mentees

Die Mentee sollte vor, während und nach der Mentoring-Partnerschaft

- Vertrauen und Offenheit der Mentorin nicht missbrauchen – auch außerhalb der Mentoring-Partnerschaft,
- Kontakte weder während noch nach der Mentoring-Partnerschaft missbräuchlich oder unüberlegt verwenden,
- das Besprochene immer vertraulich behandeln,
- auch nach Abschluss des Mentorings Feedback an die Mentorin geben, ob und wie das Mentoring ihr weitergeholfen hat und wo sie durch den Mentoring-Prozess inzwischen angelangt ist. Feedback trägt zur Zufriedenheit und zur Bereitschaft der Mentorin bei, eventuell für eine andere Mentee erneut als Mentorin zu fungieren,
- das Gebot des gegenseitigen Respekts beachten,
- den Unterschied zwischen „persönlich" und „privat" nicht aus den Augen verlieren – auch wenn ein persönlicher Umgang mit der Mentorin im Mentoring gewollt ist,
- nicht vergessen, dass in der Mentoring-Partnerschaft zwar Probleme besprochen und gelöst werden, die Mentorin aber keine mütterliche Freundin und auch keine Problemlöserin für schwierige Lebenssituationen ist,

103

- klare Fragen stellen,
- für eine klare Gesprächsstruktur sorgen,
- die Gespräche und Kontakte mit der Mentorin gut vorbereiten,
- diszipliniert mit der Zeit der Mentorin umgehen,
- sich bei den Kontakten an die verabredeten Themen und die „Tagesordnung" halten und nicht ins „Klönen" kommen,
- realistische Erwartungen in Bezug auf das haben, was die Mentorin wissen sollte. Erwarten Sie nicht, dass sie sich in allen Geschäftsbereichen auskennt,
- sich im Klaren darüber sein, dass sie es ist, die sich in erster Linie aktiv dafür einsetzen muss, die gesteckten Ziele zu erreichen: dies ist keine Bringschuld der Mentorin, sondern eine Holschuld der Mentee.

Do's und Don'ts für Mentorinnen

Die Mentorin sollte vor, während und nach der Mentoring-Partnerschaft

- Vertrauen und Offenheit der Mentee nicht missbrauchen – auch außerhalb der Mentoring-Partnerschaft,
- das Gebot der Vertraulichkeit immer beachten,
- sich gegenüber der Mentee klar über die eigene Motivation für das Engagement als Mentorin äußern,
- das Gebot des gegenseitigen Respekts beachten,
- im Gespräch mit der Mentee den Unterschied zwischen „persönlich" und „privat" beachten – auch wenn im Mentoring ein persönlicher Umgang gewollt ist,
- die Mentee nicht bevormunden,

- nicht versuchen, der Mentee den eigenen Weg oder einen Weg, den man gerne selbst gegangen wäre, aufzudrängen,
- nicht mit vorgefertigten Lösungen und Plänen in die Mentoring-Partnerschaft gehen, sondern offen sein dafür, dass sie einen Prozess darstellt,
- klare Fragen stellen,
- für eine klare Gesprächsstruktur sorgen
- sich auf die Gespräche und Kontakte mit der Mentee vorbereiten,
- diszipliniert mit der Zeit der Mentee umgehen,
- nicht gleich aufgeben, wenn die Mentee nicht sofort von Hinweisen und Hilfestellungen begeistert ist,
- ehrlich sein, was die eigene berufliche Expertise angeht,
- nicht nur auf die Bedürfnisse der Mentee, sondern auch auf die eigenen Bedürfnisse achten,
- nicht vergessen, dass die Mentoring-Partnerschaft zeitlich begrenzt ist.

Für jede Phase der Mentoring-Partnerschaft sollte gelten, dass Mentorin und Mentee einander auf vertrauensvoller und partnerschaftlicher Basis begegnen.

Kapitel 8
So war's bei mir: Erfahrungen von Mentees und Mentorinnen

In diesem Kapitel sollen Mentees und Mentorinnen zu Wort kommen, die an formellen Mentoring-Programmen teilgenommen haben.

Welche Erfahrungen machen Mentees?

Kirsti Busch war von März 2000 bis März 2001 Mentee im „Cross-Mentoring"-Projekt der Deutschen Bank AG. Dieses Projekt bietet Mentoring über die Unternehmensgrenzen hinweg und wird von verschiedenen Unternehmen in Deutschland organisiert.

Die Nominierung als Mentee empfand Kirsti Busch (ebenso wie ihr Vorgesetzter) als Auszeichnung. Sie war zunächst davon ausgegangen, mit einem Mann als Mentor zu arbeiten und reagierte skeptisch, als sie erfuhr, dass sie einer Mentorin vermittelt worden war. Mentoring als dezidiertes Mittel der Frauenförderung war ihr eher suspekt; wie viele andere Mentees in formellen Programmen wollte sie nicht explizit in ihrer Eigenschaft als Frau gefördert werden.

Die Mentoring-Partnerschaft verlief jedoch sehr positiv. Kirsti Busch hat es genossen, dass Mentoring ihr – anders als etwa ein Weiterbildungsseminar – die Chance bot, die Dinge selbst zu gestalten und festzulegen. Mentees, so findet sie, sollten die Möglichkeit, die Aktivitäten innerhalb der Mentoring-Partnerschaft selbst zu bestimmen, aktiv nutzen. In ihrer Mentoring-Partnerschaft hat sie mit folgenden Punkten angefangen: Treffen zum Kennenlernen – Welche Themen sind für mich interessant? – Thema „Führung" – Thema „Wohin will ich?" – Persönlichkeitsentwicklung.

Kirsti Busch hat sich alle sechs Wochen mit ihrer Mentorin für bis zu drei Stunden getroffen, in der Regel abends zum gemeinsamen Essen. Viele konkrete Themen und Anregungen haben sich erst während des Mentoring-Prozesses und im Kontakt mit ihrer Mentorin ergeben. Dabei erwies es sich als sehr sinnvoll, dass die Mentorin aus einer anderen Branche kam: Kirsti Busch lernte dadurch eine andere Unternehmenskultur kennen und konnte sich mit einer Frau austauschen, die nicht wie sie selbst Bankerin ist. Nach ihrer Erfahrung ist es gut und wichtig, dass die Mentorin keinen direkten Kontakt zu dem oder der Vorgesetzten ihrer Mentee hat.

Die Mentoring-Partnerschaft hat ihr geholfen, selbstsicherer zu werden und Entscheidungen schneller und sicherer als bisher zu treffen. Im Gespräch mit ihrer Mentorin erhielt Kirsti Busch eine Bestätigung ihrer eigenen Entscheidungen – also Feedback zur Absicherung. (Übrigens hat sie trotz ihrer anfänglichen Skepsis gerade den Austausch mit einer anderen Frau darüber, inwieweit Männer in der Geschäftswelt anders denken und agieren als Frauen, als besonders anregend empfunden.)

Im Rahmen des Mentoring-Projektes hielten die einzelnen Mentees auch untereinander Kontakt und bauten ein Netzwerk auf. Aus dem Gespräch mit anderen Mentees zog Kirsti Busch positive Impulse für ihre eigene Mentoring-Partnerschaft. Sie sagt von sich selbst, dass sie durch das Mentoring deutlich zielstrebiger geworden ist und vieles nun intensiver durchdenkt. Besonders spannend war für sie zu erfahren, wie die Mentorinnen in ihre jeweilige Position gekommen waren.

* * *

Claudia Selle war von April 2000 bis April 2001 Mentee im „Cross-Mentoring"-Projekt der Commerzbank AG, das gemeinsam mit anderen Unternehmen in Deutschland organisiert wird. Frau Selle hat sich mit ihrem Mentor einmal im Monat persönlich getroffen und ansonsten den Mentoring-Kontakt telefonisch gehalten.

Für sie hatte die Frage „Mentor oder Mentorin?" keine Bedeutung. Wichtiger war ihr, einen „passenden" Mentoring-Partner zu finden, mit dem sie im Laufe der Zeit eine Art „Seelenverwandtschaft" entwickeln konnte. Das gelang. Schon nach dem ersten Treffen war klar, dass Mentor und Mentee ein intensiver und offener Austausch gelingen würde – und Claudia Selle wusste nun auch, wie sie von ihrem Mentor profitieren konnte (etwas, das ihr zunächst nicht klar gewesen war).

Ihren Mentor beschreibt Claudia Selle als charismatisch. Sie hat es als wohltuend empfunden, dass er zu Beginn den ersten Schritt tat und so das Eis brach. Er hatte sich vor dem ersten Kontakt eingehend mit dem Thema Mentoring auseinander gesetzt und nahm die Mentoring-Partnerschaft und seine Mentee sehr wichtig und ernst. Zur Vorbereitung auf die Treffen hielt Claudia Selle im Berufsalltag immer einen Zettel griffbereit, auf dem sie sich Fragen und Themen für ihre Mentoring-Treffen notierte. Die Treffen verliefen klar strukturiert, wobei sie als Mentee die fragende Position einnahm.

Durch die Mentoring-Partnerschaft haben sich für Claudia Selle Themen geklärt, die sie schon seit längerem mit sich herumtrug, ohne bislang einen geeigneten Gesprächspartner gefunden zu haben. Mit ihrem Mentor besprach sie Fragen wie z. B. Gehalt, Gehaltsverhandlungen, unausgesprochene Spielregeln, typische Reaktionen von Männern und die Kriterien, nach denen das berufliche Auftreten von Frauen beurteilt wird. Sowohl Mentee als auch Mentor haben das Mentoring nach Ablauf der vereinbarten Zeit nur ungern beendet.

Im Nachhinein konstatiert Claudia Selle, dass sie zu Beginn ihrem Mentor gegenüber viel zu ehrfürchtig war, sich als Bittstellerin fühlte und dadurch selbst im Weg stand. Sie empfiehlt zukünftigen Mentees, sich von hemmenden Einwänden zu befreien, die sie bei sich selbst feststellen oder von anderen, z. B. Vorgesetzten, KollegInnen, Familienangehörigen oder dem Partner zu hören bekommen:

- Akzeptieren Sie, dass die Mentorin oder der Mentor für Sie da ist und sie von ihr oder ihm lernen dürfen.
- Auch Mentorin oder Mentor lernen von und mit Ihnen.
- Akzeptieren Sie, dass es Menschen gibt, die sich mit Ihnen über Erfolge freuen oder eben nicht.
- Mentoring ist eine ganz besondere und einmalige Gelegenheit!

Claudia Selle hat schließlich ihre Teilnahme am „Cross-Mentoring" auch als Werbung für sich insbesondere im Freundes- und Bekanntenkreis verstanden und genutzt. Die verschiedenen Reaktionen und Überlegungen ihres Umfeldes hat sie mit ihrem Mentor besprochen. Wie Kirsti Busch empfiehlt sie, dass Mentor und Vorgesetzter sich nicht kennen sollten.

Mentoring hat Claudia Selle geholfen, ausgeglichener und geduldiger zu werden. Sie hat gelernt, sich Bühnen aufzubauen, hat Informationen gesammelt und ihr Ziel erreicht, in Bezug auf die eigene Karriere wieder „dieses Kribbeln im Bauch" zu spüren. Zu wissen, dass ihr Mentor immer für sie da war und sie unterstützte, war ein gutes Gefühl.

Mentoring hat Claudia Selle aber auch in puncto Kommunikation ein gutes Stück weitergebracht. Sie hat gelernt, sich selbst Mentorin zu sein, in einen inneren Dialog mit sich zu treten und sich selbst einen Spiegel vorzuhalten. Ihr Mentor hat seinerseits insofern von der Partnerschaft profitiert, als sein Unternehmen ihm aus einer – oft überraschend – anderen Perspektive gezeigt wurde.

● ● ●

Daniela Penkert war von April 2000 bis April 2001 Mentee im „Cross-Mentoring"-Projekt der Commerzbank AG. Sie hat sich mit ihrer Mentorin einmal im Monat persönlich getroffen und ca. zweimal monatlich telefonisch den Mentoring-Kontakt gehalten.

Die Beziehung zu ihrer Mentorin beschreibt Daniela Penkert als partnerschaftlich. Spannend fand sie die unterschiedliche Sicht der Dinge, die sich aus der Zugehörigkeit von Mentee und Mentorin zu unterschiedlichen Unternehmen ergab.

Nach der Auftaktveranstaltung des Projekts besprach Daniela Penkert zunächst mit ihrer Mentorin verschiedene Fragen und Probleme. Bei den Anschlusstreffen wurden Neuigkeiten ausgetauscht und an den anfangs festgehaltenen Problemstellungen weitergearbeitet. Mit der Zeit bildete sich für die Treffen wie auch für die Mentoring-Partnerschaft insgesamt eine bestimmte Vorgehensweise heraus. Mentorin und Mentee haben einander ergänzend auch an ihren jeweiligen Arbeitsstätten besucht.

Auch im Rückblick klingt bei Daniela Penkert noch viel Begeisterung durch. Sie hat durch Mentoring eine andere Denk- und Herangehensweise als ihre eigene kennen und schätzen gelernt. Während der einjährigen Mentoring-Partnerschaft hat sie die Begleitung durch ihre Mentorin sehr geschätzt und genossen. Die persönlichen Gespräche mit ihr waren besonders für die persönliche Weiterentwicklung wichtig. Daniela Penkert kann sich auch vorstellen, dass eine Mentorin die strategische Karriereplanung der Mentee unterstützt und gemeinsam mit der Mentee weiterentwickelt. Von den Männern können Frauen ihrer Meinung nach vor allem in puncto Durchsetzungsvermögen lernen, wie man im Beruf erfolgreich agiert. Beim Mentoring sieht sie Möglichkeiten vor allem auf den Themenfeldern strategische Karriereplanung, Problemlösung, persönliche Entwicklung und Aufbau von Kontakten bzw. eines Netzwerks. Die persönliche Kommunikation mit der Mentorin, so Daniela Penkert, bringt für die eigene Motivation mehr als jedes Karrierebuch.

● ● ●

Mathilde Müller ist seit einem Jahr ehrenamtliche Bürgermeisterin im Kreis Trier-Saarburg, parteilos und seit Februar 2001 Mentee im Projekt „Mehr Frauen in die Politik" in Rheinland-Pfalz (nähere Informationen dazu finden Sie in Kapitel 3). Ihre Mentorin ist Ortsbürgermeisterin in einer größeren Gemeinde im Kreis Montabaur und gehört einer Partei an. Die Mentoring-Partnerschaft ist für mehr als ein Jahr geplant. Für Mathilde Müller ist es sehr wichtig, dass sie ihre Mentorin jederzeit kontaktieren und sich mit ihr über die gemeinsamen Interessen und vergleichbaren

Probleme austauschen kann. Der Kontakt zwischen beiden Mentoring-Partnerinnen fand bisher überwiegend über Telefon statt. Beim zweiten persönlichen Treffen wurde das Hauptziel der Mentee definiert: der hauptamtliche Einstieg in die Politik. Es soll erreicht werden über folgende Zwischenziele:

■ ein eigenes Netzwerk aufbauen,
■ gemeinsam mit der Mentorin an Veranstaltungen teilnehmen,
   – Präsenz zeigen,
   – über die Mentorin in Kontakt mit Entscheidungsträgern kommen, an die ansonsten schwer heranzukommen ist,
   – die Angst vor dem Umgang mit Entscheidungsträgern verlieren,
■ die eigene Rhetorik verbessern.

Die Teilnahme an einem Mentoring-Projekt speziell für Frauen hat für Mathilde Müller den Vorteil, dass sie in einem weiblichen Umfeld offen über ihre Fragen und Probleme sprechen kann. In ihrer politischen Tätigkeit vor Ort ist Mathilde Müller die einzige Frau und weiß daher den Kontakt zu anderen Politikerinnen zu schätzen. Eine Mentorin zu haben, die selbst politisch tätig ist, erlebt sie als etwas Neues, ihren bisherigen Erfahrungen Entgegengesetztes. Nach ihrer Einschätzung kann auch die Mentorin aus dem Erfahrungsaustausch einen Nutzen ziehen.

Mathilde Müller ist in ihrer Freizeit Segelfliegerin und bringt von dort erste, mehr zufällige als geplante Mentoring-Erfahrungen mit. Dennoch musste sie zu Beginn ihrer formellen Mentoring-Partnerschaft erst einmal den Mut finden, ihre Mentorin regelmäßig zu kontaktieren, die richtigen Fragen zu stellen und offen über ihre eigene Situation zu sprechen. Für die nähere Zukunft hat sie sich vorgenommen, ihre Mentorin noch öfter anzurufen, sie regelmäßig und frühzeitig zu kontaktieren und die Möglichkeiten des Mentorings noch besser für sich zu nutzen. Sie wird darin von ihrer Mentorin bestärkt und ermutigt. Mathilde Müller erlebt ihre Mentorin als kompetente Gesprächspartnerin, als Vorbild, kritische Fragerin und Leidensgenossin, die die Höhen und Tiefen des Politik-Machens aus eigener Erfahrung kennt.

Welche Erfahrungen machen Mentorinnen?

Bevor Gisela Bill im Projekt „Mehr Frauen in die Politik" Mentorin wurde, hatte sie bereits Erfahrungen in informellen Mentoring-Partnerschaften gesammelt. In ihrer Eigenschaft als Landtagsabgeordnete der Grünen in Rheinland-Pfalz von 1987–2001 hat sie einigen jungen Frauen über eine Tätigkeit in ihrem Abgeordnetenbüro „Politik zum Anfassen" geboten. Frauen, die sich eine politische Karriere vorstellen können, helfen diese praktischen Einblicke dabei, festzustellen, ob die eigene Vorstellung sich mit der Wirklichkeit deckt und ob sie den eigenen Einstieg in die Politik auch weiterhin aktiv vorantreiben möchten.

Nach Gisela Bills Meinung ist das Arbeitsfeld „Politik" in besonders hohem Maße von männlichen Normen bestimmt. Für Frauen – vor allem wenn sie Kinder haben – bedeutet eine Tätigkeit in den durchaus familienfeindlichen Strukturen einer Partei oder Fraktion, unter erschwerten Bedingungen Karriere zu machen. Um wahrgenommen und letztendlich in verantwortliche Positionen gewählt zu werden, brauchen Frauen eigene Strategien.

Dabei können eine Mentorin und ihre Netzwerke ausgesprochen hilfreich sein.

Gisela Bill berichtet rückblickend, dass es für ihre Mentees wichtig war zu sehen, dass PolitikerInnen „auch nur mit Wasser kochen", Politik also nichts Hehres, Abgehobenes ist. Diese Erkenntnis verschaffte den Mentees einen deutlichen Zuwachs an Selbstsicherheit und verlieh ihnen den Mut, selbst in der Politik aktiv zu werden bzw. sich dort höhere Ziele zu setzen. Den Mentoring-Prozess – sowohl mit „informellen" Mentees als auch im Rahmen des rheinland-pfälzischen Projekts – beschreibt Gisela Bill als modellhaftes Lernen. Die Mentees haben in der Mentoring-Partnerschaft ihre Strategien und Vorgehensweisen kennen gelernt und daraus Anregungen für ihr eigenes Handeln abgeleitet. Zusätzlich stellte Gisela Bill ihre Netzwerke zur Verfügung und öffnete ihren Mentees dadurch zahlreiche Türen.

Gerade in der Politik gibt es zahlreiche Quereinsteigerinnen, für die es wichtig ist, sich innerhalb kurzer Zeit kompetent einzuarbeiten und sich spezifische Fähigkeiten anzueignen. Dabei können Mentorinnen einen wertvollen Dienst leisten. Gisela Bill konnte feststellen, dass ihre Mentees in ihrem jeweiligen politischen Umfeld in ihren Ambitionen ernster genommen wurden, als bekannt wurde, dass sie Mentees sind. Ob allerdings die Tatsache, dass eine junge Frau eine Mentorin hat, sich imagefördernd oder -schädigend auswirke, hänge in der Politik von vielen Faktoren ab. Mentorin und Mentee sollten sich vorab darauf einigen, ob mit der Mentoring-Partnerschaft eher offensiv oder eher zurückhaltend umgegangen werden sollte.

Anmerkung der Autorin: Andere Mentorinnen und Mentees aus dem politischen Bereich haben berichtet, dass sie ihre Mentoring-Partnerschaft – sowohl während als auch nach Abschluss des Mentorings – bewusst geheim gehalten haben. Die jeweilige Entscheidung hängt in hohem Maße von der Position und Einstellung der Mentoring-Partner ab.

Gisela Bill hat sich mit ihren Mentees regelmäßig persönlich getroffen und darüber hinaus telefonisch Kontakt gehalten. Einige der Mentees haben Praktika in der Landtagsfraktion der Grünen gemacht. Für das Lernen am Modell sind persönliche Treffen und die Begleitung der Mentorin zu Veranstaltungen, Terminen und Besprechungen unerlässlich. Gisela Bills Erfahrungen haben gezeigt, dass konkrete Vereinbarungen mehr Verbindlichkeit in den Mentoring-Prozess bringen. Sie empfiehlt, zu Beginn gemeinsam eine Vereinbarung zu verfassen, in der Erwartungen festgehalten, ein Ziel definiert und ein Stufenplan vereinbart werden. Dabei muss klar sein, dass die Holschuld bei der Mentee liegt.

Welche Form des Mentorings gewählt wird, hängt von den individuellen Interessen und Zielvorstellungen ab. Damit der Erfolg der Zusammenarbeit auch kontrollierbar ist, sollte ein überschaubarer Zeitrahmen vereinbart werden. So können einzelne Ziele beispielsweise in Form von Projekten mit einem festgeschriebenen Anfang und Ende angegangen werden. Ist ein vereinbartes Ziel erreicht, wird das nächste Projekt definiert. Unter Umständen kann auch ein MentorInnenwechsel sinnvoll sein, wenn die Mentorin der Mentee keine optimalen Möglichkeiten mehr bieten kann. Je klarer die Vereinbarungen getroffen werden, desto weniger wird das Verhältnis durch falsche Rücksichtnahme belastet.

Besonders Erfolg versprechend ist Mentoring für Gisela Bill immer dann, wenn die Mentee weiß, was sie möchte, wohin sie will und wie die MentorIn sie dabei unterstützen und begleiten kann. Mentees, die wenig konkrete Vorstellungen darüber haben, was sie mit oder durch die Mentoring-Partnerschaft erreichen wollen, kann Mentoring eventuell helfen, zunächst einmal die Zukunftsvorstellungen zu klären.

Als Mentorin hat auch Gisela Bill von ihren Mentees viel gelernt. Sie ist von der Zielstrebigkeit begeistert, mit der die Mentees ihre Karriere planen und angehen, und stellt fest, das Frauen ihrer Generation diesen Aspekt zu sehr vernachlässigt haben. Vom zielgerichteten Vorgehen ihrer Mentees hat sie sich einiges abgeschaut und wird es im Hinblick auf ihre eigene berufliche Zukunft verstärkt anwenden.

● ● ●

Sechs Monate lang war ich selbst Mentorin im Rahmen des nordrhein-westfälischen Projekts „TeleMentoring". Meine Mentee war eine Schülerin auf der Suche nach dem richtigen Beruf.

Die Mentoring-Kontakte fanden ausschließlich über E-Mail statt. Mich hat dabei ebenso überrascht wie meine Mentee, dass von Anfang an eine große Offenheit vorhanden war und das Kommunikationsmedium E-Mail kein Hindernis darstellte, um ein Vertrauensverhältnis aufzubauen. Ganz im Gegenteil: Wir stellten fest, dass gerade durch den räumlichen Abstand und dadurch, dass das Wissen übereinander begrenzt war, schneller eine größere Offenheit als bei „klassischen" Mentoring-Partnerschaften, erreicht wurde. Die Kommunikation über E-Mail machte möglich, das Mentoring im Rahmen eines wöchentlichen Zeitaufwandes von maximal dreißig Minuten auf beiden Seiten zu gestalten, ohne dass die Qualität darunter gelitten hätte.

Meine Mentee wollte sich durch die Mentoring-Partnerschaft Einblicke in den von ihr angestrebten Beruf verschaffen und sich darüber klar werden, ob dieser Beruf – respektive die Ausbildung dazu – das Richtige für sie war. Es ging in unserer Mentoring-Partnerschaft also überwiegend um den Austausch von Fakten, praktischen Beispielen aus meinem Berufsalltag und um Tipps für die Bewerbung um einen Ausbildungs- oder Praktikumsplatz.

Es hat mir sehr viel Spaß gemacht, einer jungen Frau ein verständlicheres Bild meines Berufsalltags zu vermitteln. Ganz besonders aufgefallen ist mir dabei, dass Dinge, die ich als selbstverständliche Details betrachtet hatte, meiner Mentee sehr weitergeholfen haben. Es sind also nicht immer nur Schlüsselerlebnisse oder schlechthin geniale Hinweise oder Tipps, die einer Mentee helfen, ihren Weg zu finden und ihr Ziel zu erreichen. Mentoring muss auch nicht notwendigerweise zeitintensiv sein. Es kommt allein auf das Ziel an, das die Mentee mit der Mentoring-Partnerschaft erreichen will. Von ihm her bestimmt sich, wieviel die Mentorin für die Mentoring-Partnerschaft aufwendet. Bitte denken Sie daran, wenn Sie (das nächste Mal?) daraufhin angesprochen werden, ob Sie bereit sind, Mentorin zu sein.

● ● ●

Heike Pehling-Negro ist Mentorin im Mentoring-Projekt des Frauen-Netzwerkes „Business and Professional Women" (BPW)-Germany e.V., dessen Präsidentin sie zur Zeit auch ist.

Ihre Motivation, als Mentorin zu fungieren, besteht unter anderem darin, dass es ihr sehr viel Freude macht, junge Frauen zu unterstützen. Es ist ihr wichtig, jungen Frauen in schwierigen und unsicheren Momenten beratend zur Seite zu stehen. Sie findet es immer wieder spannend zu verfolgen, wie ihre eigenen Erfahrungen die Frauen im Gespräch ermutigen, eine spezifische Lösung für sich und ihr momentanes Problem zu finden.

Aufgrund ihrer eigenen Erfahrungen kann sich Heike Pehling-Negro gut in die Situation junger Frauen hineinversetzen. Denn vor zwanzig Jahren befand sie sich selbst in einer schwierigen und unsicheren Situation. Sie stand vor dem Problem, eine berufliche Entscheidung treffen zu müssen, für die ihr die Erfahrung fehlte und wurde damals ihrerseits von Menschen unterstützt, die über die notwendige Erfahrung verfügten.

Für Heike Pehling-Negro ist von entscheidender Bedeutung, dass die Mentee im Zuge des Mentoring-Prozesses ihre eigene Lösung erarbeitet und dass die Mentorin ihre Erfahrungen und Gedanken als Beispiele für gangbare Lösungen in einer ähnlichen Situation darstellt. Diese Beispiele sollen der Mentee als Anregung dienen, sind aber nicht notwendigerweise auch die richtige Lösung für die aktuelle Situation der Mentee. Die Mentorin kann keine Patentlösungen bieten, aber sie kann gemeinsam mit der Mentee Lösungsansätze erarbeiten und ihr so dabei helfen, ihren eigenen Weg zu gehen.

Durch den Austausch von Gedanken, Erfahrungen und Beispielen zwischen den beiden Mentoring-Partnerinnen ergibt sich eine Atmosphäre, in der auch bislang nicht gedachte und unorthodoxe Lösungsansätze ausgesprochen und diskutiert werden. Vielleicht sind sie ja gar nicht so abwegig wie zunächst gedacht, sondern es lassen sich daraus praktische Perspektiven für die Mentee entwickeln. In diesem Sinne kann der Mentoring-Prozess in bestimmten Phasen auch eine Art Brainstorming sein, bei dem ungefiltert alle möglichen Vorschläge und Ideen vorgebracht werden können.

Heike Pehling-Negro hat die Erfahrung gemacht, dass Mentees, denen durch die Mentorin Selbstvertrauen vermittelt wird, ihre eigenen Lösungen sehr viel schneller finden als wenn ihnen das Selbstvertrauen fehlt. Sie sieht es daher als Aufgabe der Mentorin, der Mentee eine gute Selbstsicherheits-Basis für ihre Entscheidungen zu geben. In disem Zusammenhang nennt sie das Beispiel einer ihrer Mentees. Es handelte sich um eine junge Frau, die ihren beruflichen Ehrgeiz mit Familie und Kindern in Einklang bringen wollte. Heike Pehling-Negro konnte ihrer Mentee helfen, die eigenen Pflichten abzuwägen und eigene Ansprüche sowohl im privaten wie im beruflichen Bereich realistisch zu benennen. Als Mentorin machte sie der Mentee klar, wo ihre Ansprüche überzogen und unrealistisch waren. Nachdem die Ansprüche auf ein realistisches Maß heruntergeschraubt worden waren, wurde die Balance zwischen beruflicher Zufriedenheit und Privatleben deutlich einfacher. Durch ihr Beispiel konnte die Mentorin vermitteln, dass die verschiedenen Ansprüche und Vorstellungen der Mentee nicht notwendigerweise gleichzeitig in die Tat umgesetzt werden müssen, sondern sich auch nacheinander zufriedenstellend realisieren lassen.

Heike Pehling-Negro stellt erleichtert fest, dass mittlerweile ein Generationenwechsel stattgefunden hat und Frauen heute ganz andere Möglichkeiten haben als noch vor zehn oder zwanzig Jahren. Auch die heutige Männergeneration ist eine andere. Die Zahl der Männer, die ihre Frauen oder Partnerinnen darin unterstützen, ihre beruflichen Möglichkeiten wahrzunehmen, hat zugenommen. Für Heike Pehling-Negro hat sich damit ihr jahrelanges Engagement für die Berufstätigkeit von Frauen gelohnt. Sie findet es sehr ermutigend zu sehen, dass junge Frauen heute ihr Schicksal und ihren Weg selbst in die Hand nehmen und die Verantwortung für ihr eigenes Leben ganz selbstverständlich übernehmen.

Heike Pehling-Negro möchte auch in Zukunft wieder Mentorin sein. Sie empfiehlt angehenden Mentees, genau zu definieren, welche Unterstützung sie von einer Mentorin erwarten und benötigen. Die Mentees sollten bereit sein, gemeinsam mit ihrer Mentorin einen eigenen Weg oder Lösungsansatz zu erarbeiten. Nach ihrem Verständnis ist die Mentorin jemand, der die Mentee „an die Hand nimmt", ihr zuhört, an sie glaubt und dadurch ihr Selbstvertrauen stärkt. Durch ihr langjähriges Engagement als Mentorin hat sie gelernt, dass es für die eigene Person wichtig und befriedigend sein kann, anderen Frauen Erfolge zu gönnen und nicht nur an die eigenen Vorteile zu denken.

Kapitel 9
Im Nachhinein war es Mentoring: erfolgreiche zufällige oder spontane Mentoring-Erfahrungen

Zufälliges oder spontanes Mentoring ist die am weitesten verbreitete Form des Mentorings. Mentoring erfolgt in dieser Form unstrukturiert und auf informellem Wege. Spontanes Mentoring beginnt, wenn ein Mentor oder eine Mentorin eine begabte junge Nachwuchskraft „entdeckt" und sich entschließt, sie oder ihn zu fördern. Auch der umgekehrte Fall, dass eine potentielle Mentee aktiv auf eine Führungskraft zugeht und diese bittet, Ihre MentorIn zu sein, kann der Beginn eines spontanen Mentorings sein.

Spontanes Mentoring kann in ein formelles Mentoring münden.

Hier nun verschiedene Beispiele spontanen und informellen Mentorings.

Daniela Penkert, deren Erfahrungen mit „Cross-Mentoring" bereits in Kapitel 7 zur Sprache kamen, erzählte mir im Anschluss an unser Interview, dass sie auch über Erfahrungen mit informellem Mentoring verfügt. Die informelle Mentoring-Partnerschaft besteht bereits seit mehreren Jahren.

Daniela Penkerts Mentor ist ein ehemaliger Vorgesetzter, mit dem sie gemeinsam teilweise auch konkrete Karriereschritte machte. Sie hat ihn sich als Mentor selbst ausgesucht und stellt im Nachhinein fest, dass sich auf Grund ihrer Eigeninitiative ein das Verhältnis zu ihrem ehemaligen Vorgesetzten verändert hat – so gibt es inzwischen eine feste Vertrauensbasis. Darüber hinaus findet sie, dass ihr Mentor besser zu ihr passt als ein Mentor, der ihr durch ein offizielles Mentoring-Programm vermittelt worden wäre.

Die informelle Mentoring-Partnerschaft von Frau Penkert ist durch unregelmäßige Treffen und Kontakte gekennzeichnet, die sich häufig nur auf Telefonate beschränken. In manchen Zeiten telefoniert man häufiger, in anderen seltener. Es ist auch kein Problem, wenn die beiden Partner sich erst nach einem halben Jahr wieder beieinander melden. Als Hauptvorteil dieser Kontakte nennt Daniela Penkert, dass dabei Informationen ausgetauscht werden können, die bislang noch nicht offiziell und allgemein zugänglich sind.

● ● ●

Claudia Weber hat seit fünf Jahren einen informellen Mentor, den sie durch Zufall auf privater Ebene kennen gelernt hat. Nach und nach dehnte sich das Gespräch auf berufliche Themen aus, und Claudia Weber erhielt dadurch wertvolle Denkanstöße.

Ihr Mentor ist der Meinung, dass man Ziele nur erreichen kann, wenn man genau weiß, wohin man will. Er brachte sie dazu, sich selbst immer wieder die folgenden Fragen zu stellen:

- Wo stehe ich?
- Wo möchte ich hin?
- Was will ich erreichen?
- In welchem Zeitraum möchte ich dies erreichen?
- Welche Personen kenne ich bereits, die mir dabei helfen können?
- Welche Personen, die ich noch nicht kenne, können mir helfen?

Anhand der Antworten auf diese Fragen definierte Claudia Weber ihre Ziele, entwickelte für sich selbst eine eigene Strategie und erreichte, was sie wollte. Durch die Unterstützung ihres Mentors erweiterte sie z. B. ihre berufliche Beratungstätigkeit auf die internationale Ebene, unternimmt die ersten Schritte zur Gründung eines Mittelstandsforums im Rhein-Main Gebiet und hat ihr Talent zum Dekorieren und Gestalten genutzt, um nebenberuflich ein Unternehmen zu gründen.

Die Unterstützung ihres Mentors besteht darin, dass er Claudia Weber durch seine Fragen nach ihren Zielen und Vorstellungen immer wieder dazu anregt, ihre Vorstellungen zu reflektieren und präzisieren. Er hat ihr im Verlauf der Mentoring-Partnerschaft nie konkrete Ratschläge und Lösungen gegeben, sondern sich stets auf Fragen und Anregungen beschränkt. Claudia Weber bewertet dies sehr positiv, denn auf diese Weise kann sie selbst über die konkrete Umsetzung ihrer Strategie und ihren Weg entscheiden. Authentisch handeln zu können ist ihr sehr wichtig.

Die Kontaktaufnahme erfolgt telefonisch zwei bis drei Mal pro Woche. Vor der Mentoring-Partnerschaft profitiert auch der Mentor, denn seit nunmehr fünf Jahren wird nicht nur über Weg und Strategien der Mentee diskutiert, sondern auch kräftig „genetzwerkt": Mentor und Mentee helfen einander mit Hinweisen, Tipps und Kontaktpersonen gegenseitig weiter.

Claudia Weber betont, dass sich die Auswahl der Mentorin oder des Mentors nach den Vorstellungen, Anliegen und Zielen der Mentee richten sollte. Um eine geeignete Mentorin oder einen Mentor zu finden, empfiehlt sie, sich auch im Bekanntenkreis umzuschauen, auf andere Menschen zuzugehen und Augen und Ohren offen zu halten, um potentielle MentorInnen zu erkennen.

Claudia Weber und ihr Mentor werden ihre Mentoring-Partnerschaft in jedem Fall weiter fortsetzen.

● ● ●

Bevor ich über das Mentoring-Projekt im BPW-Germany e.V. intensiver mit dem Thema „Mentoring" in Kontakt kam, war ich auf vielfältige Weise und ohne es zu wissen schon mehrfach Mentee.

Im Nachhinein habe ich festgestellt, dass Mentorinnen von sich aus Kontakte zu wichtigen Institutionen und Personen für mich herstellten oder mich auf diese hinwiesen. Darüber hinaus wurde ich von meinen Mentorinnen häufig „auf die richtige Schiene gesetzt", und zwar in dem Sinne, dass sie mein Interesse für Aufgaben weckten, die mich in meiner Entwicklung weiterbrachten und mich notfalls auch ins kalte Wasser stupsten, wen ich am „Beckenrand" stand und nicht springen wollte. Was ich damit meine, möchte ich am Beispiel meiner ehrenamtlichen Tätigkeit näher erläutern:

1994 brachte ich von einem europäischen BPW-Kongress gemeinsam mit einer anderen jungen Frau die Idee mit nach Deutschland, eine spezielle Gruppe für Frauen unter 35 Jahren und ein spezielles Programm für diese Zielgruppe im BPW-Germany e.V. zu initiieren und zu etablieren. Dieses Programm mit dem Namen „Young BPW" existierte bereits auf internationaler Ebene und in Österreich, nicht aber in Deutschland und weiteren europäischen Ländern. „Young BPW" in Deutschland aufzubauen war eine große Herausforderung, insbesondere insofern, als dies ehrenamtlich und nebenberuflich geschah. Die strategische Unterstützung, die Hinweise und Tipps meiner Mentorinnen gaben mir das nötige Werkzeug dazu an die Hand. Zusätzlich sorgten sie bei verschiedenen Gelegenheiten dafür, dass ich für „mein" Thema und Anliegen eine Plattform erhielt, auf der ich es nicht nur präsentieren, sondern auch dafür aktiv werden konnte. Dieses Zusammenspiel von fachlicher, strategischer und persönlicher Ebene ermöglichte es, dass sich die Idee „Young BPW" mit Leben füllte und mittlerweile eine etablierte Institution im BPW-Germany e.V. ist.

Meine Mentorinnen gaben mir immer das Gefühl, dass sie mich, meine Fähigkeiten und Kompetenzen schätzten und wichtig nahmen. Das hat mich zum einen motiviert, zum anderen gab es mir das nötige Selbstvertrauen und die Kraft, Aufgaben anzupacken, die mir seinerzeit kaum bewältigbar schienen, und Herausforderungen anzunehmen.

Zu meinen Mentorinnen kann ich immer wieder zurückkehren, um verschiedene Fragestellungen zu diskutieren und neue Impulse zu erhalten.

Auf Grund dieser sehr positiven Erfahrungen mit informellem Mentoring war ich in den letzten Jahren immer wieder anderen – jüngeren, aber auch älteren – Frauen gerne informelle Mentorin.

In informellen Mentoring-Partnerschaften ist sich die Mentee häufig nicht darüber im Klaren, dass sie Mentee ist. Daher ist es für die informelle Mentorin besonders wichtig, dass sie behutsam vorgeht und darauf achtet, ob die Mentee wirklich „gementort" werden möchte. Möchte sie die angebotene Unterstützung annehmen oder lieber nicht? Die Mentorin sollte die Ablehnung der informellen Mentee wertneutral akzeptieren und nicht persönlich nehmen: Vielleicht stimmen für die Mentee einfach Zeitpunkt oder Rahmen gerade nicht?

Für mich persönlich bedeutet Mentoring, dass ich andere Menschen unterstütze und ihnen – im Rahmen meiner Möglichkeiten – Perspektiven biete. Da meine Möglichkeiten und meine Zeit begrenzt sind, muss ich mich auf bestimmte Personen oder eine bestimmte Zielgruppe konzentrieren. Auf Grund meiner Netzwerkaktivitäten für jüngere Frauen suche ich gezielt nach potentiellen Mentees bei Frauen, die in meinem Alter oder jünger sind.

Wenn ich den Eindruck habe, dass ich einer Frau wertvolle Anstöße, Hinweise und Kontakte geben kann und sie beruflich und persönlich weiterkommen möchte, mache ich den ersten Schritt und gehe auf sie zu. Wenn sich eine vertrauensvolle Gesprächsbasis aufgebaut hat, ergibt sich der Austausch von Hinweisen und Anstößen meist ganz von allein. Stelle ich fest, dass die potentielle Mentee offen für meine Unterstützung ist und sich mit meinen Hinweisen und Anstößen auseinander setzt, versuche ich ihr die Möglichkeit zu bieten, die eigenen Fähigkeiten konkret auszuprobieren. Dies kann durch die Übernahme von Projekten geschehen, durch Entwicklung und Moderation von Workshops oder das Geben von Presseinterviews. Es geht darum, Herausforderungen anzunehmen und zu bestehen. Im Grunde gehe ich also genauso vor wie meine Mentorinnen bei mir:

- Anstöße, Ideen, Hinweise, manchmal auch Adressen weitergeben,
- Perspektiven aufzeigen,
- die Mentee anregen, diese Perspektiven aktiv zu formen und zu gestalten,
- Kontakte herstellen,
- die Mentee „vom Beckenrand schubsen", wenn sie nicht springen möchte,

▪ die Mentee unterstützen, damit sie die Herausforderungen erfolgreich besteht.

Der entscheidende Unterschied zwischen „netzwerken" und Mentoring besteht darin, dass die Mentorin in der formellen wie in der informellen Mentoring-Partnerschaft gemeinsam mit der Mentee Verantwortung für den Prozess und das Ziel übernimmt und mit der Mentee daran arbeitet, dass sie die gestellten Aufgaben und Herausforderungen erfolgreich bewältigt.

Charakteristisch für eine Mentorin ist, dass sie sich gedanklich mit den Zukunftsperspektiven und Möglichkeiten zur Unterstützung ihrer Mentee beschäftigt, auf diese zugeht und sich darüber Gedanken macht, was zusätzlich nützlich oder sinnvoll für ihre Mentee sein könnte. Einer Mentee – insbesondere wenn sie noch jung ist – Anstöße, Ideen, Hinweise und Kontakte zur Verfügung zu stellen, ist nur der halbe Weg. Wenn Sie tatsächlich Mentorin sein wollen, sollten Sie sie auch bei der Durchführung und Umsetzung Ihrer Hinweise begleiten.

Rückblickend kann ich sagen, dass mich viele Menschen unterstützt haben. Aber nur diejenigen, die die Geduld hatten, mir etwa bei der Konzipierung von Workshops, dem Schreiben von Reden und der beharrlichen Verfolgung meiner Ideen und Vorstellungen mit Rat und Tat zur Seite zu stehen, waren tatsächlich MentorIn für mich. Sie haben mir geholfen, mich persönlich und beruflich weiterzuentwickeln. Für ihre Hartnäckigkeit, Geduld und Beständigkeit bin ich ihnen sehr dankbar.

Kapitel 10
Darauf kommt es an: Das Wichtigste in Kürze für Mentorinnen

Checkliste: Sind Sie bereit, Mentorin zu sein?

- Sind Sie bereit, Ihre Erfahrungen und Ihr Wissen mit einer aufstrebenden jüngeren Kollegin zu teilen?
- Sind Sie ein offener Mensch; respektieren Sie andere und schätzen deren Meinung?
- Kennen Sie sich und Ihre Vorurteile?
- Fühlen Sie sich der Herausforderung gewachsen, die es bedeutet, Mentorin zu sein?
- Sind Sie bereit, auf die Bedürfnisse der Mentee einzugehen?
- Sind Sie bereit, konstruktive Kritik von einer jüngeren Frau anzunehmen und dazuzulernen?
- Ist Ihre Frustrationstoleranz hoch genug, um Mentorin sein zu können? Wie z. B. reagieren Sie, wenn Ihre Mentee von Ihren Hinweisen und Ratschlägen nicht sofort begeistert ist?
- Können Sie andere Menschen motivieren, eigene Grenzen und Widerstände zu überwinden?
- Wieviel Dankbarkeit erwarten Sie von anderen, wenn Sie ihnen einen Gefallen getan haben?
- Kennen Sie Ihre persönlichen und beruflichen Grenzen?
- Können Sie damit umgehen, wenn Ihre Mentee eine Ihrer Meinung nach falsche Entscheidung trifft?
- Können Sie damit umgehen, wenn Ihre Mentee Ihnen vorwirft, auf Ihren falschen Rat hin einen Fehler begangen zu haben oder wenn es für andere so aussehen könnte?

Im Folgenden ist alles Wichtige für angehende Mentorinnen stichwortartig zusammengefasst, um Ihnen die Möglichkeit eines schnellen Überblicks zu geben.

Grundsätzlich gilt:

- Die Funktion der Mentorin besteht aus der Beratungs-, Führungs-, Transfer- und Schutzfunktion gegenüber der Mentee. Transferfunktion bedeutet, dass die Mentorin die Mentee darin unterstützt, das Gelernte auf ihren Alltag zu übertragen.
- Von der Mentoring-Partnerschaft profitieren sowohl Mentorin als auch Mentee; sie ist keine Einbahnstraße.
- Die Mentorin vermittelt selbst erworbene und praktizierte Erfahrungen, persönliches Wissen, Vorgehensweisen und Strategien.
- Die Mentorin ist eine Praktikerin; sie „spult" nicht einfach Theorie ab.
- Die Mentorin nimmt die Mentee zu gesellschaftlichen und beruflichen Veranstaltungen mit und überträgt ihr Projekte.
- Die Mentorin vermittelt der Mentee keine fertigen Anleitungen und Lösungen.
- Die Mentorin leitet die Mentee dazu an, eigene Entscheidungen zu treffen, ermutigt sie, ihre Karriere- und Persönlichkeitsentwicklung aktiv zu verfolgen und begleitet sie bei der Lösung von Problemen. Die Mentorin ist die unparteiische Stimme, die der Mentee Möglichkeiten und Visionen aufzeigt, auf die diese selbst nicht gekommen wäre.
- Die Situation der Mentorin oder der Mentee kann sich verändern, z. B. durch Arbeitsplatzwechsel oder -verlust. Verfahrensweise und Zielvereinbarung sind dann gemeinsam

zu überdenken und anzupassen. Eventuell muss das Mentoring unterbrochen oder ganz beendet werden.

▪ Probleme und Konflikte sollten thematisiert und angesprochen werden.

▪ Falls die Probleme sich nicht lösen lassen, sollten sich die beiden Mentoring-Partner im gegenseitigem Einvernehmen darauf einigen, den Mentoring-Prozess zu stoppen, die Zielvereinbarung aufzuheben und die Mentoring-Partnerschaft aufzulösen.

▪ Je intensiver die Erwartungen, Ziele und Vorstellungen abgeklärt werden, desto größer ist am Ende die Zufriedenheit der Mentorin und der Mentee.

▪ Nicht nur die offenen, sondern auch die versteckten Erwartungen, Ziele und Vorstellungen beider Mentoring-Partner sollten thematisiert werden.

▪ Die gemeinsame Vorbereitung der Mentoring-Partnerschaft ist wichtig:

– Die Mentorin hinterfragt die von der Mentee formulierte Zieldefinition, die gewählte Form des Mentorings und die eigene Rolle und Funktion, wie sie die Mentee definiert hat.

– Erwartungen und Rollenverständnis der beiden Partnerinnen werden kommuniziert und definiert.

Was bringt Mentoring der Mentorin?

▪ Mentoring kann festgefahrene Strukturen bewusst aufbrechen und die Kommunikation im Unternehmen ändern.

▪ Die Mentorin kann sich einen Pool von guten in- und externen Nachwuchskräften aufbauen.

▓ Die Mentorin erhält von der Mentee direkte, ungefilterte Informationen aus dem Unternehmen und dem beruflichen Alltag.

▓ Sie wird im Unternehmen als kompetente Führungskraft und Vorbild wahrgenommen und kann ihr Selbstmarketing entsprechend optimieren.

▓ Die Mentorin kann verschiedene Rollen ausprobieren und damit ihren Führungsstil und ihre sozialen Kompetenzen weiterentwickeln.

▓ Die Mentorin erhält neue methodische und inhaltliche Impulse für ihre eigene Arbeit.

▓ Die eigenen fachlichen und methodischen Kompetenzen können auf einer neuen Ebene reflektiert werden.

▓ Die Mentorin kann, wenn sie dies wünscht, von der Mentee Feedback erhalten.

▓ Wissen weiterzugeben macht Spaß und ist ein „Lustgewinn".

▓ Die Mentorin kann über die Mentee Kontakt zur Hochschule, eventuell zu ihrer eigenen Alma Mater, halten und erhält Einblick in neue Entwicklungen. Die Mentee ist eine kompetente Gesprächs- und Diskussionspartnerin zu fachlichen Themen.

Was sollten Mentorinnen können?

▓ Die Mentorin sollte als die Erfahrenere in der Beziehung eine ausgeprägte Fähigkeit zur Kommunikation besitzen. Hierzu gehören auch das Zuhören und das Schweigen-Können.

▓ Sie sollte neugierig auf andere Menschen und neue Erfahrungen sein.

▓ Sie sollte berufliche und persönliche Erfahrungen offen und von sich aus ansprechen – auch eigene Misserfolge.

- Als Vorbild verkörpert sie für die Mentee die Erreichbarkeit von Zielen.
- Die Mentorin sollte die Lebensmodelle anderer Menschen akzeptieren und mit eigenen Vorbehalten wertneutral umgehen können.

Kapitel 11
Das Wichtigste in Kürze für Mentees

Checkliste für angehende Mentees:
Bin ich bereit, Mentee zu sein?

- Wissen Sie, welche Art von Mentoring zu benötigen?
- Sind Sie bereit, die Hilfe und Unterstützung einer Mentorin zu akzeptieren?
- Können Sie gut zuhören?
- Sind Sie zuverlässig, was Verabredungen und Vereinbarungen angeht?
- Lernen Sie schnell?
- Machen Sie gern neue Erfahrungen?
- Sind Sie bereit, sich oder Ihre Situation zu verändern?
- Sind Sie eine Ja-Sagerin oder können Sie diplomatisch Ihre eigene Meinung gegenüber der Mentorin vertreten?
- Können Sie danke sagen oder in anderer Art und Weise Ihre Wertschätzung anderen gegenüber ausdrücken?
- Denken Sie, dass Sie ein hohes Potential zur persönlichen und beruflichen Weiterentwicklung bereits in sich tragen?

Im Folgenden ist alles Wichtige für Mentees stichwortartig zusammengefasst, um Ihnen die Möglichkeit eines schnellen Überblicks zu geben.

Grundsätzlich gilt:

- Die Mentee erhält von der Mentorin Hinweise zu möglichen Fallstricken, Karrierehindernissen und „Do's und Dont's" der Unternehmenskultur und -hierarchie.
- Mentorin und Mentee sollten keinesfalls hierarchisch und organisatorisch zu nah zueinander angesiedelt sein.
- Die Mentee kann die Mentorin zu gesellschaftlichen und beruflichen Veranstaltungen begleiten. Sie kann Projekte übertragen bekommen und erhält Zugang zum Netzwerk der Mentorin.
- Der Zeitraum von einem Jahr hat sich in den verschiedenen Mentoring-Projekten als sinnvoll erwiesen.
- Im Falle einer Zusammenarbeit mit mehreren MentorInnen (MentorInnen-Pool) sollte die Mentee ihre potentiellen MentorInnen regelmäßig über weitere Entwicklungen informieren, damit der Mentoring-Prozess zu dem gewünschten Zeitpunkt ohne Verzögerung starten kann.
- Die unterschiedlichen Formen des Mentorings haben gemeinsam, dass Sie – als Mentee – initiativ und strukturiert vorgehen, um hundertprozentig von der Mentoring-Partnerschaft zu profitieren. Es liegt an Ihnen, was Sie aus der Mentoring-Partnerschaft machen und für sich als Lerneffekt verbuchen.
- Der Entwicklungsprozess, die Karriere- und Persönlichkeitsentwicklung der Mentee stehen im Vordergrund.
- Mentoring ist keine Karrierautomatik, sondern nur ein Baustein in der Karriereentwicklung.
- Mentorin und Mentee bestimmen gemeinsam den momentanen Ist-Zustand und den angestrebten Soll-Zustand der Mentee.
- Als Hilfsmittel zur Findung der Zieldefinition empfiehlt sich eine Mentoring-Vereinbarung. Darin sollten der zeitliche

Horizont als Mindestlaufzeit, die Häufigkeit und Form des Kontakts festgelegt werden. Planen Sie, wieviel Zeit Sie pro Woche für die Mentoring-Partnerschaft aufwenden können.

▪ Formulieren Sie konkrete Dinge oder Aktivitäten, z. B. Besuch von Vorträgen, Firmenveranstaltungen, gemeinsame Mittagessen etc.

▪ Es ist sinnvoll, dass sich beide Partnerinnen auf einen Zeitplan mit Zwischenzielen festlegen, um Misserfolge und Fortschritte frühzeitig erkennen und den zeitlichen Bedarf einplanen zu können. Als Hilfsmittel kann hier ein Zeitstrahl dienen, auf dem man die Zwischenziele einträgt und so eine Überprüfbarkeit erreicht.

▪ Je intensiver zu Beginn die Erwartungen, Ziele und Vorstellungen abgeklärt werden, desto größer ist am Ende die Zufriedenheit der Mentorin und der Mentee.

▪ Nicht nur offene, sondern auch versteckte Erwartungen, Ziele und Vorstellungen der MentorIn und Mentee sollten thematisiert werden.

▪ Die Mentee sollte die Treffen vorbereiten. Sie kann so ihre Interessen in den Austausch einbringen und die Arbeitsbelastung für die Mentorin reduzieren.

▪ Die Situation der Mentorin oder der Mentee kann sich verändern, z. B. durch Wechsel oder Verlust des Arbeitsplatzes. In dieser Situation sind Verfahrensweise und Zielvereinbarung gemeinsam zu überdenken und anzupassen. Eventuell sollte das Mentoring unterbrochen oder ganz beendet werden.

▪ Probleme und Konflikte sollten in jedem Fall thematisiert und angesprochen werden.

▪ Mentoring zielt hauptsächlich darauf ab, die Karrierevoraussetzungen der Mentee zu verbessern und deren Persönlichkeitsentwicklung voranzubringen.

Was bringt Mentoring der Mentee?

■ Die Mentee kann durch Mentoring Informationen beziehen, Rollenvorbilder finden, neue Rollen selbst ausprobieren, sich präsentieren und durch Kontakte zur Führungsebene die Scheu vor der Hierarchie verlieren und dadurch den Weg zum Aufstieg ebnen.

■ Die Mentorin hilft der Mentee, sich den Weg durch den Dschungel „Karriere" mit seinen diversen Fallstricken zu bahnen. Die Mentee erlernt die Spielregeln des Geschäfts und erhält offenes Feedback. Die Mentee kann ihr Eigenbild und ihr Fremdbild abgleichen und daraus gemeinsam mit der MentorIn die Planung für ihre persönliche Weiterentwicklung erarbeiten.

■ Die Mentee erkennt, dass vor ihr schon andere Frauen sich mit bestimmten Problemen auseinander gesetzt und eine gute Lösung gefunden haben. Sie hat in ihrer Mentorin ein Rollenvorbild.

■ Die Mentoring-Partnerschaft ist eine geschützte Beziehung, in der experimentiert werden kann. Diskussion und Herausforderung sind ohne Konsequenzen möglich.

■ Karriere- und Lebensplanung werden thematisiert.

■ Potentielle Fähigkeiten und Kompetenzen werden durch gezielte Fragestellungen weiterentwickelt.

■ Die fachliche Weiterentwicklung wird durch gezielte Aufgaben, Zielvorgaben und die Übernahme von Projekten gefördert. Die Mentee kann auch methodisch dazulernen.

■ Sie lernt, sich selbst Mentorin zu sein.

■ Zukünftiges Handeln kann gemeinsam mit der Mentorin ausprobiert werden, bevor es im Unternehmen tatsächlich umgesetzt wird.

- Es können zeitnah Lösungsansätze für auftretende Probleme erarbeitet werden.
- Die Mentorin gibt der Mentee Rückhalt zur Stärkung ihres Selbstbewusstseins.
- Über die Mentorin können schneller als allein notwendige Netzwerke aufgebaut werden.
- Die Mentee lernt durch die Mentorin die „richtigen" Leute kennen und kann vom bestehenden Netzwerk der Mentorin profitieren.
- Die Mentee kann von den strategischen Erfahrungen der Mentorin und deren Überblick profitieren.

Was ist beim Mentoring die Aufgabe der Mentee?

- Sie sollte sich über ihre Erwartungen und Ziele klar werden und ein genaues Profil der für sie idealen Mentorin erstellen.
- Sie sollte ihre Ziele präzise formulieren, so dass sie unmissverständlich mit der Mentorin besprochen werden können.
- Ihre Ziele sollten realistisch sein.
- Beim formulieren der Ziele sollte sie ehrlich mit sich selbst sein.
- Sie sollte bereit zum persönlichen Umgang mit der Mentorin sein, aber nicht erwarten, dass die Mentorin ihre privaten Probleme löst.
- Sie sollte kommunikativ, offen und bereit sein, die Perspektive zu wechseln.
- Die Mentee hat eine Holschuld und trägt somit selbst die Verantwortung dafür, was sie in der Mentoring-Partnerschaft lernt.

- Sie sollte das Vertrauen und die Offenheit der Mentorin nicht missbrauchen.

- Sie sollte von der Mentorin keine vorgefertigten Lösungen erwarten, sondern bereit sein, die Verantwortung für ihre weitere Entwicklung und ihre berufliche Laufbahn selbst in die Hand zu nehmen.

- Die Mentee sollte auch über die Mentoring-Partnerschaft hinaus die Mentorin über ihren weiteren Werdegang informieren, damit die Mentorin an Ihrem Erfolg teilhaben kann und motiviert wird, in Zukunft weitere Mentees zu betreuen.

Anhang

Vereinbarung über eine Mentoring-Partnerschaft

Die MentorIn _____

und die Mentee _____

treffen für die Zeit

von _____ bis _____

die folgende Vereinbarung für eine Mentoring-Partnerschaft:

Zielsetzung:

_____

_____

_____

Durchführung:

_____

_____

_____

_____

Art und Medium der Kommunikation:

_____

_____

_____

_____

_____

Häufigkeit der Kommunikation:

_____

_____

_____

Kostenübernahme:

_____

_____

_____

Weitere Punkte, die vereinbart werden sollen:

_____

_____

Vertraulichkeit:
Beide Partnerinnen werden das im Rahmen der Mentoring-Partnerschaft Besprochene vertraulich behandeln, auch über den oben angegebenen Zeitraum hinaus.

Vorzeitige Beendigung:
Die Mentoring-Vereinbarung kann von beiden Partnerinnen jederzeit unter Angabe der Gründe aufgelöst werden.

_____

Datum, Ort

_____

Unterschrift der MentorIn

_____

Unterschrift der Mentee

Kommentiertes Adressenverzeichnis

Ausgewählte Mentoring-Projekte

Personal Partnership

KIM, „Kompetenz im Management", vermittelt aufstiegsinteressierten Frauen aus der mittelständischen Wirtschaft für ein Jahr eine engagierte, erfahrene Frau, mit der sie den nächsten Karriereschritt und den weiteren Entwicklungsweg strategisch planen kann und die sich fördernd für sie einsetzt.

KIM – Kompetenz im Management
Zentrum Frau in Beruf und Technik
Margret Tewes
Erinstr. 6
D-44575 Castrop-Rauxel
Tel. 0 23 05 – 92150 – 16
Tel. 0 23 05 – 92150 – 0
Fax: 0 23 05 – 92150 – 49
E-Mail: tewes@mail.zfbt.de
www.kim.nrw.de

TeleMentoring – E-Mail-Patenschaften zur Berufsorientierung

Derzeit richtet sich das TeleMentoring-Projekt des Arbeitsministeriums NRW an arbeitslose und von Arbeitslosigkeit bedrohte Jugendliche im Alter von 16–24 Jahren. Das Projekt wird mit Mitteln aus dem Europäischen Strukturfonds finanziert. Es erfolgt eine enge Zusammenarbeit mit Einrichtungen verschiedener beruflicher Qualifizierungsträger.

In Zukunft sind TeleMentoring-Projekte auch für die Zielgruppen Mädchen und junge Frauen in IT-Berufen und für Berufsrückkehrerinnen geplant. Aktuelle Projektinformationen zum Projekt für arbeitslose Jugendliche finden Sie unter www.telementoringnrw.de Unter der Adresse www.telementoring.de veröffentlicht der Projektträger, das Europäische Zentrum für Medienkompetenz GmbH (ecmc), regelmäßig aktuelle Informationen zu den virtuellen Mentoring-Programmen.

ecmc Europäisches Zentrum für Medienkompetenz GmbH
Dr. Barbara Gehrke
Bergstr. 8
D-45770 Marl
Tel. 0 23 65 – 9404 33 (Durchwahl)
Tel. 0 23 65 – 9404 0
Fax: 0 23 65 – 9404 29
E-Mail: bgehrke@ecmc.de

Mentoring für Frauen – eine Strategie zur beruflichen Förderung – akademie südwest –

Bei diesem Mentoring-Projekt handelt es sich um eine sehr offene Form des Mentorings. Hier kann sich grundsätzlich jede berufstätige Frau beteiligen. Ziel des Projekts ist es, verschiedene Plattformen zu schaffen, über die Frauen sich kennen lernen und gegenseitig unterstützen können, so dass Mentoring im Laufe der Zeit einen immer selbständigeren Charakter annimmt. Mit dem Projekt soll ein größerer Kreis von potentiellen Mentorinnen und Mentees erfasst werden, als dies bereits durch andere, enger gefasste Mentoring-Projekte geschieht. Die „akademie südwest" bietet hierzu fortlaufend spezielle Seminare an – jeweils getrennt nach Mentorinnen und Mentees. Das Projekt findet im Rahmen von

147

„Frauen Aktiv in Baden-Württemberg" statt. Nähere Informationen bei der Projektleiterin Irene Pfennig.

akademie südwest
Fachbereich Qualitätsmanagement
Irene Pfennig / Projektleiterin
Neues Kloster
D-88427 Bad Schussenried
Tel. 0 75 83 – 33 10 56
Fax: 0 75 83 – 33 10 33
E-Mail: irene.pfennig@zfp-weissenau.de
Homepage: www.akademie-suedwest.de/qm

Mentoring im BPW-Germany e.V.

„Business and Professional Women-Germany e.V." ist ein Netzwerk berufstätiger Frauen und Teil des internationalen Verbandes „BPW International". Vertreten sind Frauen aus allen Sparten und Funktionen der Wirtschaft, Wissenschaft und Öffentlichkeit als Unternehmerin und Arbeitnehmerin.

Das Mentoring-Projekt des BPW Germany e.V. bietet die Vermittlung von bundesweiten Kontakten innerhalb des Verbandes, zukünftig voraussichtlich auch auf internationaler Ebene. Zielgruppe des Mentoring sind Frauen in Berufsfindungs- und Umbruchphasen oder diejenigen, die nach dem Familienabschnitt wieder in das Erwerbsleben einsteigen wollen. Bei Interesse (als Mentorin oder Mentee) melden Sie sich bitte bei der zentralen Koordinierungsstelle. Sie erhalten von dort einen Aufnahmeantrag. Von der Koordinierungsstelle werden die Kontakte vermittelt und betreut.

Zentrale Koordinierungsstelle im BPW-Germany e.V.:
Julia Polski
Fax 089 – 14 88 22 54 58
E-Mail: juliapolski@gmx.de

Kontakt über:
Business and Professional Women-Germany e.V.,
BPW-Germany e.V.
Geschäftsstelle
Tempelhofer Damm 2
D-12101 Berlin
Tel. 030 – 78 89 59 98
Fax 030 – 78 89 59 94
E-Mail: mentoring@bpw-germany.de
www.bpw-germany.de

Mehr Frauen in die Politik – Rheinland-Pfalz

Dieses Mentoring-Projekt ist überparteilich und wird vom Ministerium für Bildung, Frauen und Jugend in Rheinland-Pfalz organisiert. Es richtet sich an junge Frauen, die in der Politik verantwortungsvolle Positionen erreichen wollen. Die Mentorinnen kommen aus allen Bereichen der Politik und agieren als Abgeordnete in der Landes-, Bundes- und Europapolitik.

Ministerium für Bildung, Frauen und Jugend
Karin Drach
Diether-von-Isenburg-Str. 9–11
D-55116 Mainz
Fax 061 31-16 46 36
E-Mail: karin.drach@mbfj.rlp.de

MuT – Mentoring und Training. Berufsbegleitende Unterstützung und Förderung für hochqualifizierte Nachwuchswissenschaftlerinnen

Im Rahmen des MuT-Programms werden Mentoring-Partnerschaften zwischen einer erfahrenen Wissenschaftlerin und einer Habilitandin oder Postdoc-Wissenschaftlerin vermittelt, wobei die Unterstützung sowohl auf die fachliche und strategische Beratung als auch auf die nachhaltige Integration in die „scientific community" zielt. Während einer dreitägigen Orientierungsveranstaltung können die Teilnehmerinnen ihr Qualifikationsprofil erarbeiten und ihre Zielsetzung für das Mentoring entwickeln. MuT existiert seit 1998 und wird vom Wissenschaftsministerium Baden-Württemberg gefördert.

Dr. Dagmar Höppel
Universität Freiburg
Tel. 0761 – 20 38 892

Dr. Agnes Speck
Universität Heidelberg
Tel. 0 62 21 – 54 76 97
Fax: 0 62 21 – 54 72 71

Landeskonferenz der Frauenbeauftragten Baden-Württemberg
Universität Freiburg
D-79085 Freiburg

Mentoring für Verlagsfrauen

Mentoring Forum der Münchner BücherFrauen
Sonja Schmidt
Gaißacher Str. 17
D-81371 München
E-Mail: sonja_schmidt@hotmail.com

Mentoring-Programme für SchülerInnen

Big Sister

„Big Sister e.V." setzt sich für den offenen, direkten Umgang von Frauen und Mädchen unterschiedlichsten sozialen, wirtschaftlichen, beruflichen und nationalen Hintergrunds ein. Dieser Anspruch soll verwirklicht werden, von Frau zu Frau, von „großer Schwester" zu „kleiner Schwester". Den Mädchen wird die Möglichkeit gegeben, ihre Vorstellungen darüber zu erweitern, was Frauen tun und erreichen können. Durch Veranstaltungen will „Big Sister" gezielt besonders spannendes, kreatives, vielseitiges Frauenleben vorstellen.

Big Sister e.V.
Brigitte Klose-Grigull
Hof Gretenberg 1
D-40699 Erkrath
Fax: 0 21 04 – 94 63 81
www.bigsister-online.de

Projekt Zukunftsjugend

Das Projekt „Zukunftsjugend" hat sich Kooperation und Vermitteln zwischen den Generationen zur Aufgabe gemacht. Als MentorInnen fungieren Personen im Alter ab 48 Jahren. Die Mentees stammen aus der Altersgruppe der 17- bis 24-Jährigen.

Initiator: Ralph Schlieper-Damrich
Wissenschaftlicher Mentor: Prof. Dr. Harald Geißler

www.projekt-zukunftsjugend.de

Alt hilft Jung in Neu-Isenburg

Auf ehrenamtlicher Basis geben SeniorInnen, die selbst bis vor kurzem berufstätig waren, ihre Erfahrungen an Jugendliche weiter und begleiten und beraten sie zwischen Schule und Berufstätigkeit. Das Projekt wurde beim Deutschen Seniorentag 2000 mit dem 1. Preis ausgezeichnet.

Alt hilft Jung im Jugendbüro Neu-Isenburg
Carl-Ulrich-Str. 11
D-63263 Neu-Isenburg
Tel. 0 61 02 – 17 415
Fax: 0 61 02 – 26 031
E-Mail: alt-hilft-jung-neu-isenburg@gmx.de
www.jugendbuero.neu-isenburg.de

Alt hilft Jung in Ulm

SeniorInnen geben ihre Erfahrungen an Jugendliche – hauptsächlich HauptschulabgängerInnen – weiter, begleiten und beraten sie zwischen Schule und Berufstätigkeit mit dem Ziel, ihre Chancen auf dem Arbeitsmarkt zu verbessern.

www.uni-ulm.de/LiLL/boefingen/altjung/ueberblick.html

ADA-Lovelace-Mentorinnen-Netzwerk

Dieses Mentoring-Projekt bietet Schülerinnen die Möglichkeit, sich Einblick in mathematisch-naturwissenschaftlich-technische Studiengänge zu verschaffen und zeigt ihnen, welche beruflichen Möglichkeiten sich im Anschluss an diese Studiengänge für sie bieten. Studentinnen besuchen die Schülerinnen, laden sie an die Hochschulen ein, informieren die Eltern, besichtigen Betriebe mit den Schülerinnen und organisieren für sie Treffen mit Ingenieurinnen und Naturwissenschaftlerinnen.

Universität Koblenz-Landau
Abteilung Koblenz
Ada-Lovelace-Mentorinnen-Netzwerk
Zentrale Koordinierungsstelle
Dr. Sylvia Neuhäuser-Metternich
Rheinau 1
56075 Koblenz
Tel. 02 61 – 91 19 154
Fax: 02 61 – 91 19 193
E-Mail: neumett@uni-koblenz.de
www.uni-koblenz.de/~alp

Mentoring-Programme an Universitäten und Fachhochschulen

Mentoring an der Universität und Fachhochschule in Konstanz

Universität Konstanz
Koordinierungsstelle Mentoringprogramm
Dr. Gertraud Koch
Universitätsstr. 10
D-78464 Konstanz
Tel. 0 75 31 – 88 4780
Tel. 0 75 31 – 88 4756
E-Mail: mentoring@uni-konstanz.de
www.mentoringprogramm-konstanz.de

Fachhochschule Konstanz
Koordinierungsstelle Mentoringprogramm
Dr. Gertraud Koch
Universitätsstr. 10
D – 78464 Konstanz
Tel. 0 75 31 – 206 369
E-Mail: mentoring@fh-konstanz.de
www.mentoringprogramm-konstanz.de

Mentorenfirmenkonzept

Im Mentorenfirmenkonzept der Fakultät für Wirtschaftswissenschaft an der Universität Witten/Herdecke bekommen StudentInnen die Möglichkeit, während des gesamten Studiums mit einer Mentorenfirma zusammenzuarbeiten. Sie erhalten dadurch schon während der theoretischen Ausbildung einen fundierten Einblick in die Praxis.

Private Universität Witten / Herdecke GmbH
Fakultät für Wirtschaftswissenschaft
Dr. Werner Jackstädt-Stiftungslehrstuhl für Betriebs-
wirtschaftslehre
Univ.-Prof. Dr. Gerd Walger
Alfred-Herrhausen-Str. 50
D-55448 Witten
Tel. 0 23 02 – 926-540
Fax: 0 23 02 – 926-587

Meduse – das Mentorinnennetzwerk der Universität Essen

Studentinnen aller Fachrichtungen – unabhängig vom Semester –
können als Mentee an dem Mentoring-Projekt teilnehmen und damit einen individuellen Weg der beruflichen Orientierung gehen.

Meduse – Mentorinnennetzwerk der Universität Essen
Dr. Renate Klees-Möller
Gebäude R 12 R 05 A 19
Universität Essen
Universitätsstr. 12
D-45141 Essen
Tel. 02 01 – 18 34 286
Fax: 02 01 – 18 34 285
Sekretariat, Tel. 02 01-18 33 246
E-Mail: meduse@uni-essen.de
www.uni-essen.de/meduse

MentorinnenNetzwerk für Frauen

Im MentorinnenNetzwerk agieren Frauen aus naturwissenschaftlich-technischen Berufen – sowohl aus der Wirtschaft als auch aus
dem Hoch- und Fachhochschulbereich – als Mentorinnen für Studentinnen an hessischen Universitäten und Fachhochschulen der
naturwissenschaftlich-technischen Studienfächer.

MentorinnenNetzwerk
Hessisches Koordinierungsbüro
J. W. Goethe-Universität
Kreuzerhohl 50
D-60439 Frankfurt/Main
Tel. 069 – 798 – 297 31
Fax: 069 – 798 – 297 25

Mentoring an der Ludwig-Maximilians-Universität (LMU) München

Die LMU möchte mit ihrem Mentoring-Projekt 600 bis 800 Studierende aller Fächer laufend durch „Ehemalige" persönlich beraten und fördern. Zur Förderung des Vorhabens soll ein eigener Ti-
tel „Mentor an der LMU" bzw. „Mentorin an der LMU" geschaffen
werden.

Mentorenprogramm der LMU
Projektkoordinator
c/o Tilo Erstling
Johannesstr. 2
D-85305 Jetzendorf
Tel. 0 81 37 – 99 75 86
E-Mail: tino.erstling@gmx.de

Mentoringkontakte national

Folgende Kontaktadressen können Ihnen gegebenenfalls Mentorinnen oder Mentoren in Deutschland vermitteln. (Bitte erfragen Sie die jeweiligen Konditionen auf direktem Wege.)

Die Sparte „Mentoring" der Personal und Unternehmensberatung „Kontor 5" ist aus den Erfahrungen mit „Cross-Mentoring" in Unternehmen entstanden und bietet Ihnen die Möglichkeit, eine Mentorin oder einen Mentor für eine einjährige Mentoring-Partnerschaft vermittelt zu bekommen. Darüber hinaus werden Sie als Mentee von „Kontor 5" betreut. Das Konzept beruht darauf, dass Mentoring als Qualifizierungsmaßname betrachtet wird. Diese Dienstleistung erbringt „Kontor 5" gegen ein zu erfragendes Honorar.

Kontor 5
Konzepte und Beratung GmbH
Gabriele Hoffmeister-Schönfelder
Marienterrasse 12
D-22085 Hamburg
Tel. 040 – 41 09 55 50
Fax: 040 – 41 09 55 55
E-Mail: kontakt@kontor5.de
www.kontor5.de

Mentoringkontakte international

Folgende Kontaktadressen können Ihnen weitere Auskünfte zum Thema Mentoring aus internationaler Sicht geben. Es besteht auch die Möglichkeit, Ihnen Mentorinnen oder Mentoren aus den betreffenden Ländern zu vermitteln, wenn dies aus Ihrer Sicht für Ihre Mentoring-Strategie sinnvoll ist.

● **Kanada**

Informationen und Kontakte zu ExpertInnen rund um das Thema Mentoring in Kanada. Teilweise Vermittlung von Mentoren aus Kanada.

www.mentors.ca
www.peer.ca/mentor.html

● **Neuseeland**

Mentor Professionals

Ein landesweites Netzwerk von MentorInnen in Neuseeland, die gegen ein Honorar als MentorInnen fungieren.

Mentor Professionals
Peter Parkinson
7, Fife Street
Westmere,
Auckland
New Zealand
Tel. + 64 – 9 378 46 40
Fax. + 64 – 9 360 79 21
www.mentor.co.nz

- **Niederlande**

MELLOW-Projekt

Ein Mentoring-Projekt, das Frauen ermutigen möchte, ein technisches Studium und einen technischen Beruf zu wählen. Auf der Homepage gibt es unter anderem eine Datenbank von Frauen in technischen und Ingenieursberufen.

VHTO
PO Box 2557
1000 CN Amsterdam
The Netherlands
Tel. + 31-20-652 1295
Fax: +31-20-652 1296
E-Mail: vhto@vhto.nl
www.vhto.nl

- **Norwegen**

Veronica Biong ist eine Unternehmensberaterin in Norwegen, die gegen Honorar MentorInnen vermittelt. Diese Dienstleistung wird im Rahmen von offiziellen Programmen überwiegend von öffentlichen Stellen in Norwegen subventioniert oder von den Arbeitgebern der Mentees bezahlt.

Veronia Biong
Dronningensgate 6
N-0152 Oslo
Norway
E-Mail: vebiong@online.no
Tel. +47-22-91 06 90 oder 22 11 14 96
Fax: +47 22 11 14 97
Mobil: +47 906 96 435

● Österreich

Mentoring-Center

Im virtuellen Forum „Mentoring-Center" finden Sie grundlegende Informationen zu Mentoring – jeweils für Mentees und Mentorinnen – und eine Austauschmöglichkeit für Mentoring Interessierte. Das virtuelle Mentoring-Center wird von erfahrenen Mitarbeiterinnen aus verschiedenen Mentoring-Projekten betreut.

Mentoring-Center im Internet
E-Mail: mentoring@ceiberweiber.at
www.ceiberweiber.at/mentoring

Regionales Mentoring-Programm in Niederösterreich

Im Regionalen Mentoring-Programm Niederösterreich können sich Frauen mit Hauptwohnsitz in Niederösterreich als Mentee anmelden und sich über das Programm eine Mentorin vermitteln lassen.

Regionales Mentoring-Programm NÖ
Mag. Christiana Weidel und Klaudia Mattern
Tel. + 43 – 1 – 513 06 46
Fax: + 43 – 1 – 512 60 90
E-Mail: frauen.mentoring@blackbox.net
www.ceiberweiber.at/mentoring/noe
www.regionalesmentoring.at/mentorschaft.html

Mentoring-Plattform

Über die Mentoring-Plattform können sich Frauen als Mentee eine Mentorin vermitteln lassen.

Mentoring Plattform Tirol
Mag. Christiana Weidel und Mag. Gertrude Bader
Wilhelm-Greil Str. 1/2
A-6020 Innsbruck
Tel. + 43 – 5224 – 56 414 16
Fax: + 43 – 5224 – 56 412
E-Mail: mentoring.plattform@netway.at
www.ceiberweiber.at/mentoring/tirol

Girl's Tuesday

„Girl's Tuesday" richtet sich in erster Linie an Mädchen in der Phase der Berufswahl und an junge Frauen im Berufseintritt, aber auch an Wiedereinsteigerinnen und Frauen in zukünftigen Führungspositionen im IT-Bereich. (Quelle: Homepage „Girl's Tuesday)

Elisabeth Grabner-Niel
Mentoring-Plattform
Wilhelm-Greil-Str. 1
A-6020 Innsbruck
Tel. +43 – 676 – 683 1499
E-Mail: mentoring.plattform@blackbox.net
www.ceiberweiber.at/mentoring/tirol/g_home.htm

Mentoring-Projekt für Nachwuchswissenschaftlerinnen an der Universität Wien

Das Mentoring-Projekt ist auf drei Jahre angelegt und wird vom Europäischen Sozialfonds und vom Bundesministerium für Bildung, Wissenschaft und Kultur in Österreich gefördert. Es handelt sich um ein Pilotprojekt zur Frauenförderung im universitären Bereich, das auf die Verbesserung der Situation von Doktorandinnen und Habilitandinnen beim Berufseinstieg und -aufstieg im Wissenschaftsbetrieb abzielt.

Universität Wien
Projektzentrum Frauenförderung
Mentoringprojekt
Maria Theresienstr. 3/17
A-1090 Wien
Tel. +43 – 1 – 4277 183 64 oder
Tel. +43 – 1 – 4277 183 65
E-Mail: mentoring.frauenfoerderung@univie.ac.at
Homepage: http://www.univie.ac.at/frauenfoerderung

● **Schweiz**

Die Wirtschaftsfrauen Schweiz bieten jungen berufstätigen Frauen in der Schweiz an, ein bis zwei Tage an der Seite einer Führungskraft aus Wirtschaft, Verwaltung, Politik oder Kultur zu verbringen.

Women's Vision
Wirtschaftsfrauen Schweiz
www.wirtschaftsfrauen.ch

Mentoring BPW-Switzerland

Das Mentoring-Projekt im BPW-Switzerland verfolgt die gleichen Ziele wie das gleichnamige Projekt im BPW-Germany e.V.

BPW-Switzerland
Judith S. Zollinger
Grundrebenstr. 56
CH-8932 Mettmenstetten
Tel. +41 – 1 – 776 88 88
Fax: +41 – 1 – 776 88 90
E-Mail: zollinger@alum.calberkeley.org

Berufsspezifische Netzwerke und Verbände für Frauen

Baufachfrau e.V.
Adlerstr. 81
D-44137 Dortmund
Tel. 0231 – 143338
Fax: 0231 – 162174
Für Ingenieurinnen, Architektinnen und Handwerkerinnen.

Berufsverband hauswirtschaftlicher Fach- und
Führungskräfte e.V. (bhf)
Beate Imhof-Gilden
Waiblinger Str. 11/3
D-71384 Weinstadt
Tel. 07151 – 43770
Fax: 07151 – 47625
E-Mail: bhf@bhfev.de
www.bhfev.de

163

Berufsverband Sekretariat und Büromanagement e.V.
Friedrichstr. 47
D-68199 Mannheim
Tel. 0621 – 8 41 48 20
Fax: 0621 – 8 41 48 21
E-Mail: berufsbildung@bsb-berufsverband.de
www.bsb-berufsverband.de
Für Bürofachleute.

BücherFrauen e. V
c/o Vertriebsbüro Seehausen & Sandberg
Akazienstr. 25
D-10823 Berlin
Tel. 030 – 78 71 55 98
Fax: 030 – 78 71 17 53
E-Mail: info@buecherfrauen.de
www.buecherfrauen.de
Für Frauen, die freiberuflich oder fest angestellt im Buchwesen
arbeiten.

Designerinnen Forum e.V.
Stresemannstr. 375
D-22761 Hamburg
Tel. 040 – 8 90 11 68
Fax: 040 – 8 90 11 93
E-Mail: designerinnen-forum@t-online.de
www.designerinnen-forum.org
Für Designerinnen aller Branchen.

Deutscher Ärztinnen-Bund e.V.
Herbert-Lewin-Str. 1
D-50931 Köln

Tel. 0221 / 4004-540
Fax: 0221 / 4004-541
E-Mail: aerztinnenbund@aerztinnenbund.de
www.aerztinnenbund.de

dib – deutscher ingenieurinnen bund e.V.
Postfach 11 03 05
D-64281Darmstadt
E-Mail: info@dibev.de
www.dibev.de

Deutscher Juristinnenbund – Vereinigung der Juristinnen,
Volkswirtinnen und Betriebswirtinnen e.V.
Reuterstr. 241
D-53113 Bonn
Tel. 0228 – 91510-0
Fax: 0228 – 211009
E-Mail: geschaeftsstelle@dj.de
www.djb.de

European Management Assistants (EUMA)
Kirsten Esdar
c/o Dr. Schirm AG
Kipperstraße 9–11 (Marxhafen)
D-44147 Dortmund
Tel. 0231 – 998 1111
Fax: 0231 – 998 1180
E-Mail: kirsten.esdar@schirm.de
www.euma.org
Europäisches Netzwerk für Sekretärinnen und Assistentinnen im
Management.

FIFF – Frauen in Film und Fernsehen
c/o Heike Richter-Karst
Allmedia Film- und Fernsehen
Reichenbachstr.33
D-80469 München
Tel. 089 – 200271-0
Fax: 089 – 200271-16
E-Mail: allmedia@t-online.de
Netzwerk für Frauen in Medienberufen bei Film und Fernsehen.

FOPA – Feministisch orientierte Raumplanerinnen
und Architektinnen
Adlerstr. 81
D-44137 Dortmund
Tel. 0231 – 143329
Fax: 0231 – 162174
E-Mail: fopa@free.de
www.fopa-dortmund.de

Granat e.V. Gruppe aktiver Naturwissenschaftlerinnen
und Technikerinnen
c/o Dr. Julia Osterhoff
Nobelring 23 b
D-30627 Hannover
Tel. 0511 – 578633
Regionales Netzwerk, beantwortet aber auch überregionale
Anfragen.

Journalistinnenbund e.V.
In der Maar 10
D-53175 Bonn
Tel./Fax: 0228 / 312747
E-Mail: journalistinnenbund@t-online.de
www.journalistinnen.de

NUT – Frauen in Naturwissenschaft und Technik e.V.
Haus der Demokratie
Greifswalder Str. 4
D-10405 Berlin
Tel. 030 – 2044458
E-Mail: finut@cs.tu-berlin.de
www.tal.cs.tu-berlin.de/finut

Piona Point Teleworking Management
c/o Susanne Thoma pepperpoint.net
Anklamer Str.38
D-10115 Berlin
Tel. 030 – 44057816
Fax: 030 – 44057817
E-Mail: info@pepperpoint.net
www.frauen-computer-schulen.de/piona.htm
Internationaler Dachverband der Frauen-Computer-Schulen
und Frauen-Technik-Zentren.

VDI-Verein Deutscher Ingenieure
FIB-Frauen im Ingenieurberuf
Graf-Recke-Str.84
D-40239 Düsseldorf
Tel. 0211 – 6214-420
Fax: 0211 – 6214-150
E-Mail: fib@vdi.de
www.vdi.de/hg/fib.htm
Netzwerk für Ingenieurinnen innerhalb des VDI.

Women in Science, Engineering & Technology (WITEC),
WITEC-Deutschland
Ute Wanzek
c/o Otto-von-Guerick-Universität Magdeburg
Akademisches Auslandsamt / International Office
Universitätsplatz 2
D-39016 Magdeburg
Tel. 0391 – 67-18742
Fax: 0391 – 67-11132
E-Mail: ute.wanzek@verwaltung.uni-magdeburg.de
www.hu.ac.uk/witec
Europäische Datenbank mit Expertinnen in Wissenschaft,
Ingenieurwesen und Technik.
Netzwerk zur Förderung von Frauen in naturwissenschaftlich-
technischen Studiengängen und Berufen.

Berufs- und branchenübergreifende Netzwerke und Verbände für Frauen

Bonner Forum e.V.
c/o Anneliese Dampf
Kölnstraße 67
D-53111 Bonn
Tel. 0228 – 963842-0
Fax: 0228 – 963842-1
Ein regionales Netzwerk für Frauen, die beruflich engagiert sind.

B.F.B.M.-Bundesverband der Frau im freien Beruf und
Management e.V.
c/o Andrea Pfundstein
Monheimsallee 21
D-56062 Aachen
Tel. 0241 – 4018458in
Fax: 0241 – 4018463
E-Mail: verband@bfbm.de
www.bfm.de
Für Selbständige und Frauen in Führungspositionen.

Business and Professional Women-Germany e.V.,
BPW-Germany e.V.
Geschäftsstelle
Tempelhofer Damm 2
D-12101 Berlin
Tel. 030 – 78 89 59 98
Fax: 030 – 78 89 59 94
E-Mail: info@bpw-germany.de
www.bpw-germany.de
Aktive berufstätige Frauen aller Branchen; Angestellte, Selbstän-
dige und Unternehmerinnen in über 100 Ländern. Vertreterinnen
setzen sich bei den verschiedenen UN-Einrichtungen für die Be-
lange von berufstätigen Frauen ein.

Young Business and Professional Women im BPW-Germany e.V.
c/o Christine Sayegh
Nettelbeckstr. 12
D-65195 Wiesbaden
Tel. 06 11 – 40 90 487
Fax: 0611 – 94 46 703
E-Mail: sayegh_petry@t-online.de
www.youngbpw-europe.org
Nachwuchsprogramm im BPW-Germany e.V. für Frauen unter 35
(auch für Studierende und Auszubildende).

Business Ladies Point (BLP) Baden
Sonja Smasal
Junge Hälden 2
D-76229 Karlsruhe
Tel. 0721 – 48 17 78
Fax: 0721 – 48 33 36

BLP Rhein Main:
Sabine Dennerlein
Barbaraweg 11
D-64347 Griesheim (b. Darmstadt)
Tel. 06155 – 83 07 78
Fax: 06155 – 83 07 78
E-Mail: sabine.dennerlein@t-online.de
Für Unternehmerinnen, Selbständige, Existenzgründerinnen und
Frauen in Führungspositionen.

Connecta – Das Frauennetzwerk e.V.
Geibelstr.4
D-34117 Kassel
Tel./Fax: 0561/15460
E-Mail: KarinBaumann@t-online.de
www.welcome.to/connecta/
Netzwerk für kompetente und aktive Frauen aller Berufssparten
(Angestellte und Selbständige).

Deutscher Akademikerinnenbund e.V.
Innovationszentrum
Breite Straße 6.8
D-23552 Lübeck
Tel. 0451 – 3003330
Fax: 0451 – 3003331
E-Mail: dabev@t-online.de
www.dab-ev.org
Für Frauen mit Hochschulabschluss aller Fachrichtungen.

Gesellschaft Deutscher Akademikerinnen e.V.
Pfauengasse 10
D-93047 Regensburg
Tel. 0941 – 55922
Fax: 0941 – 563417
Für Akademikerinnen aus Hochschule, Schule, Wirtschaft, Politik,
Kultur und Recht.

Münchner Wirtschafts-Forum e.V.
c/o Sekretariat Office Team W
Kolpingstr. 8
D-83646 Bad Tölz
Tel. 08041 – 9454
Fax: 08041 – 71697
Für Managerinnen und Freiberuflerinnen.

Soroptimist International
Deutsche Union
Seelhorststr. 51
30175 Hannover
Tel. 0511 – 28 80 326
Fax: 0511 – 28 80 327
E-Mail: soroptimist.du@htp-tel.de
www.soroptimist.de
Internationales Netzwerk berufstätiger Frauen für die Wahrung
ethischer Werte. Mitglied kann nur werden, wer darum gebeten
wird.

Wifra – Netzwerk für Wirtschaftsfrauen
Lydia Zettler Madlener
Unterberg 4
A-6832 Dafins
Tel./Fax: +43 – 5522 – 45808
E-Mail: zettler@aon.at
Netzwerk in Österreich, Deutschland und der Schweiz, für Unternehmerinnen, Selbständige, Freiberuflerinnen, Führungsfrauen.

WOMAN'S Business Club
c/o Womans GmbH
Franz-Prüller-Str. 15
D-81669 München
Tel. 089 – 44 71 72 75
Fax: 089 – 44 71 72 76
E-Mail: scheddin@t-online.de
www.womans.de
Für Selbständige und Angestellte.

Women's Business Club
c/o Frieda Y. Vonderbeck
Fasanenstr. 28
D-10719 Berlin
Tel. 030 – 88 67 57 87
Fax: 030 – 88 67 57 89
E-Mail: wbc@vonderbeck.de
Women's Business Clubs für selbständige Frauen oder Frauen in Führungspositionen gibt es außerdem in Erfurt, Freiburg, Mannheim und München.

Women Business Network
c/o Dr. Angelika Förster
E-Mail: info@wbn-net.de
www.wbn-net.de
Für Frauen in innovativen Branchen.

Netzwerke und Verbände für Frauen in Führungspositionen

B.F.B.M.-Bundesverband der Frau im freien Beruf
und Management e.V.
c/o Andrea Pfundstein
Monheimsalle 21
D-56062 Aachen
Tel. 0241 – 401 84 85
Fax: 0241 / 401 84 63
E-Mail: verband@bfbm.de
www.bfbm.de

EWMD-European Women's International Network e.V.
Anklamer Str. 38
D-10115 Berlin
Tel. 030 – 782 50 75
Fax: 030 – 782 50 76
E-Mail: info.germany@ewmd.org
www.ewmd.org
Für Managerinnen und Selbständige.

FIM – Vereinigung für Frauen im Management
Osterbeckstr. 90 a
D-22083 Hamburg
Tel. 040 – 27 83 93 66
Fax: 040 – 27 90 0 77
E-Mail: info@fim.de
www.fim.de
Für Frauen, die Führungspositionen innehaben oder diese
anstreben.

Münchner Wirtschafts-Forum e.V.
c/o Sekretariat Office Team
Kolpingstr. 8
D-83646 Bad Tölz
Tel. 0 80 41 – 94 54
Fax: 0 80 41 – 716 97
Für Managerinnen und Freiberuflerinnen.

Zonta
c/o Dr. Sybille Jegodzinski
Untere Hofbreite 17a
D-38667 Bad Harzburg
Tel. 0 53 22 – 88 08
Fax: 0 53 22 – 822 47
E-Mail: s.jegodzinski@-online.de
www.zonta-international.de
Für Frauen in Führungspositionen.

Wifra – Netzwerk für Wirtschaftsfrauen
Lydia Zettler Madlener
Unterberg 4
A-6832 Dafins
Tel. / Fax: 0043 – 5522 – 45808
E-Mail: zettler@aon.at
Netzwerk in Österreich, Deutschland und der Schweiz, für Unternehmerinnen, Selbständige, Freiberuflerinnen, Führungsfrauen.

Netzwerke für Selbständige und Unternehmerinnen

Deutsches Gründerinnen Forum e.V.
c/o Frau und Arbeit e.V.
Grindelallee 43
D-20146 Hamburg
Tel. 040 – 45 02 09 13
Fax: 040 – 45 12 10
E-Mail: info@dgfeV.de
www.dgfeV.de
Für Expertinnen und Multiplikatorinnen im Bereich der Existenzgründung.

FAU-Frauen als Unternehmerinnen e.V.
Amtmannsbrücklein 1
D-90475 Nürnberg
Tel. 0911 – 83 10 66
Fax: 0911 – 83 06 65
E-Mail: fau@robe-institut.de
Netzwerk für Unternehmerinnen, Selbständige, Freiberuflerinnen, Künstlerinnen.

FEM-Frauen Europäischer Mittel-und Kleinbetriebe
c/o Erika Seige
Breitlestr. 26
D-88662 Überlingen
Tel. 07551 – 97 09 96
Fax: 07551 – 670 42
E-Mail: sseige@t-online.de
Für Unternehmerinnen und Mit-Unternehmerinnen.

Goldrausch – Frauennetzwerk Berlin e.V.
Potsdamer Str.139
D-10783 Berlin
Tel./Fax: 030 – 215 75 54
Existenzgründungsberatung

NEFU-Netzwerk für Einfrau-Unternehmerinnen in Deutschland
c/o Gudrun Gempp
Im Lettenacker 1/2
D-79588 Efringen-Kirchen
Tel. 0 76 28 – 91 07 00
Fax: 0 76 28 – 91 07 10
E-Mail: info@nefu-d.de
www.nefu-d.de
Netzwerk ohne Beitragspflicht und Vereinsorganisation für selbständige Einfrau-Unternehmerinnen.

Schöne Aussichten – Verband freiberuflich tätiger Frauen e.V.
Gereonshof 36
D-50670 Köln
Tel. 0221 – 139 35 39
Fax: 0221 – 139 35 40
E-Mail: schoene.aussichten@netcologne.de
www.schoene.aussichten.de
Bundesweiter Verband für Freiberuflerinnen und Unternehmerinnen, gibt regionale Frauen-Branchenbücher heraus.

UFH – Bundesverband der Unternehmerfrauen
im Handwerk e.V.
c/o Margot Mössner
Karl-Friedrich-Str. 17
76133 Karlsruhe
Tel./Fax: 0721 – 9264032
E-Mail: bv-karlsruhe@vdi.de

Adressen für mitarbeitende Ehefrauen und Unternehmerinnen im Handwerk

VdU-Verband deutscher Unternehmerinnen e.V.
Breite Str. 29
D-10178 Berlin
Tel. 030 – 203 08 45 40
Fax: 030 – 203 08 45 45
E-Mail: info@vdu.de
www.vdu.de
Netzwerk für bereits tätige Unternehmerinnen, keine Existenzgründungsberatung.

WAW-Women At Work e.V.
c/o Ute Sonnenschein-Berger
Waldstr. 1–5
D-51145 Köln
Tel. 0 22 03 – 9 22 87-0
Fax: 0 22 03 – 9 22 87-34
Für Selbständige und Frauen, die sich selbständig machen wollen.

www.u-netz.de
Virtuelles Unternehmerinnen-Netzwerk

Adressen in der Schweiz

Business and Professional Women Switzerland,
BPW-Switzerland
Verbandssekretariat BPW Switzerland
Marianne Grunder
Seestrasse 38
CH-8617 Mönchaltorf
Tel. +41 – 1 – 948 2320
Fax: +41 – 1 – 948 2321
E-Mail: sekretariat@bpw.ch
www.bpw.ch
Aktive berufstätige Frauen aller Branchen; Angestellte, Selbstän-
dige und Unternehmerinnen in über 100 Ländern. Vertreterinnen
setzen sich bei den verschiedenen UN-Einrichtungen für die Be-
lange von berufstätigen Frauen ein. Ableger des internationalen
Frauennetzwerks in der Schweiz.

Young Business and Professional Women im BPW-Switzerland
Karin Schumacher
Spalenring 87
CH-4055 Basel
Tel. +41 – 61 – 27 26 271
Mobil: +41 – 78 77 21 512
E-Mail: sekretariat@bpw.ch
www.bpw.ch
Nachwuchsprogramm im BPW Switzerland für Frauen unter 35.

Adressen in Österreich

Business and Professional Women, BPW-Austria
Dr. Edith Dieker
Fischergasse 30
A-5020 Salzburg
Tel. +43-662-43 12 30
Fax: +43 – 662-42 03 48
Mobil 0664 – 46 42 338
E-Mail: dr.edith.dieker@aon.at
Aktive berufstätige Frauen aller Branchen; Angestellte, Selbstän-
dige und Unternehmerinnen in über 100 Ländern. Vertreterinnen
setzen sich bei den verschiedenen UN Einrichtungen für die Be-
lange von berufstätigen Frauen ein. Ableger des internationalen
Frauennetzwerks in Österreich.

Frauen im Internet

www.frauen-kluengeln.de
Klüngeln oder netzwerken – das ist die Frage. Infos zur richtigen
Taktik gibt es hier.

www.webgrrls.de
E-Mail: info@webgrrls.de
Diskussionsforum für Frauen, die sich beruflich mit dem Internet
beschäftigen. Anmeldung über die Homepage

www.woman.de
Adressen und Links zu Frauennetzwerken, Organisationen und
Verbänden, Suchmaschine zu Frauenseiten im deutschsprachigen
Web, Frauennews.

www.woman-in-web.de
Job-Infos für Frauen, Newsletter.

www.womanager.com
Infos für Managerinnen, Unternehmerinnen, Freiberuflerinnen.
(Schwerpunkt Österreich)

www.womanticker.de
Frauen-Informationsdienst.

www.frauen.de
Infos zu Finanzen, Karriere und Beruf

www.allegra.de
Frauenzeitschrift mit Job- und Karriere-Infos und Links.

www.brigitte.de
Frauenzeitschrift mit Job- und Karriere-Infos sowie Links.

www.cosmopolitan.de
Frauenzeitschrift mit Job- und Karriere-Infos und Links.

www.freundin.de
Frauenzeitschrift mit Job- und Karriere-Infos und Links

www.workingwomanmag.com
Online-Ausgabe der amerikanischen Zeitschrift „Working Woman".

www.db-decision.de
Europäische Datenbank zum Thema „Frauen in Führungspositionen".

www.kim.nrw.de
Datenbank mit Expertinnen zum Thema „Berufliche Chancengleichheit"

www.sozialnetz-hessen.de
Datenbank mit Expertinnen zu unterschiedlichen beruflichen Themen

www.frau-und-beruf-nrw.de
Eine Übersicht der 45 Regionalstellen „Frauen und Beruf" in Nordrhein-Westfalen.

www.digitelle.de
Rund um das Thema Frauen in IT- und Multimediaberufen.

www.frauen-und-karriere.de
Coachingbüro mit dem Schwerpunkt Frauen.

Beratungsstellen für berufstätige Frauen

EFA – Informations-und Beratungsstelle Frau und Beruf
Lobuschstr. 28–30
D-22765 Hamburg
Tel. 040 – 390 29 24
Fax: 040 – 390 49 00
E-Mail: efa.beratung@t-online.de
www.efa-beratung.de
Beratung (zu Konflikten im Beruf, Mobbing, Vereinbarkeit von Familie und Karriere)

Regionalstelle Frau & Beruf, Büro Bonn
Gertrud Hennen
Altes Rathaus
Rathausgasse 5-7
D-53103 Bonn
Tel. 0228 – 77 51 49
Fax: 0228 – 77 57 85
E-Mail: gertrud.hennen@bonn.de
Seminare (u. a. Unterstützung für Existenzgründerinnen, Berufsorientierung von Mädchen, Krisenbewältigung durch Selbstmotivation und Zeitmanagement)

Regionalstelle Frau & Beruf, Büro Rhein-Sieg
Anita Halft
Kaiser-Wilhelm-Platz 1
D-53721 Siegburg
Tel. 0 22 41 – 13 29 48
Fax: 0 22 41 – 13 31 16
E-Mail: anita.halft@rhein-sieg-kreis.de
Seminare (u. a. Unterstützung für Existenzgründerinnen, Berufs-
orientierung von Mädchen, Krisenbewältigung durch Selbstmoti-
vation und Zeitmanagement)

Expertinnen-Beratungsnetze

Expertinnen-Beratungsnetze bieten Ihnen die Möglichkeit, berufserfahrene Expertinnen kennen zu lernen und sich von ihnen
ehrenamtlich bei ihrer beruflichen Orientierung und Weiterentwicklung beraten zu lassen. Aus dem Kontakt zur Expertin kann
eine Mentoring-Partnerschaft entstehen, wenn dies von beiden
Seiten gewünscht wird.

Die Expertinnen-Beratungsnetze bieten Mentoring nicht explizit an, da ihr Angebot hauptsächlich aus der punktuellen und ein-
maligen Beratung besteht.

Expertinnen-Beratungsnetz Berlin
Senatsverwaltung für Arbeit, Soziales und Frauen
– Geschäftsstelle –
Gabriele Fischer und Bärbel Fleege
Oranienstr. 106
D-10969 Berlin
Tel. 030 – 90 28 13 99
Tel. 030 – 90 28 16 07
Fax: 030 – 90 28 2167
E-Mail: expernet@senarbsozfrau.verwalt-berlin.de

Expertinnen-Beratungsnetz Bremen e.V.
Birkenstr. 34
D-28195 Bremen
Tel. 0421 – 346 78 78
Fax: 0421 – 346 78 40
E-Mail: expertinnen@t-online.de

Expertinnen-Beratungsnetz Dresden e.V.
Postfach 20 27 11
D-01193 Dresden
Tel. 0351 – 463 76 64
Fax: 0351 – 463 32 96

Expertinnen-Beratungsnetz Hamburg
Arbeitsstelle der Universität Hamburg
Brucknerstr. 1
D-22083 Hamburg
Tel. 040 – 29 10 26
Fax: 040 – 29 24 89
E-Mail: expertinnen@uni-hamburg.de
www.expertinnen-beratungsnetz.de

Expertinnen-Beratungsnetz Köln e.V.
Rolshover Str. 87-91
D-51105 Köln
Tel. 0221 – 98 33 271
Fax: 0221 – 98 33 258
E-Mail: expertinnen@netcologne.de
www.expertinnen-koeln.de

Expertinnen-Beratungsnetz München
Auenstr. 31
D-80469 München
Tel.089 – 72 51 848
Fax: 089 – 72 13 830
E-Mail: expertinnenberatungsnetz@frauenakademie.de

Sonstiges

Die beiden folgenden Internet-Adressen können beim „Netzwerken" und bei der Suche nach einer Mentorin hilfreich sein:

www.verbaende.de
Online-Verzeichnis von Verbänden, mit Adressen und Zielen, von der Deutschen Gesellschaft für Verbandsmanagement e.V.

www.alumni-clubs.de
Plattform für Alumni-Clubs in Deutschland mit Adressen und Informationen zu Aktivitäten und Veranstaltungen.

Literatur

Quellenverzeichnis

Becht, Monika: So nehmen Sie Ihre Karriere selbst in die Hand. Berufsstategien für Frauen. Frankfurt/M. (Societäts Verlag) 1999.

BPW-Australia: I need a Mentor. Don't I? A Guide to Finding and Using Multiple Mentors. 1997

Deutsches Jugendinstitut e.V.: Dokumentation des Workshops „Mentoring für Existenzgründerinnen". Frankfurt/M. 2000.

Deutsches Jugendinstitut e.V.: Dokumentation des Workshops „Mentoring für Frauen in der Öffentlichen Verwaltung und in Körperschaften des Öffentlichen Rechts". Frankfurt/M. 2000.

Haasen, Nele: Mentoring. Persönliche Karriereförderung als Erfolgskonzept. München (Heyne) 2001.

Hilb, Martin: Management by Mentoring. Warum Spitzenkräfte Mentoren brauchen. Neuwied (Luchterhand) 1997.

Hofmann-Lun, Irene/ Simone Schönfeld/Nadja Tschirner: Mentoring für Frauen in Europa. Eine Strategie zur beruflichen Förderung von Frauen. Deutsches Jugendinstitut, München o.J.

Hofmann-Lun, Irene/Simone Schönfeld/Nadja Tschirner: Mentoring für Frauen. Eine Evaluation verschiedener Mentoring-Programme. Ergebnisbericht. Deutsches Jugendinstitut München, o.J.

Kroschel, Evelyn: Die Weisheit des Erfolgs. Von der Kunst, mit natürlicher Autorität zu führen. München (Kösel) 1996.

Mentorinnen-Netzwerk für Frauen: Aufbau eines Mentorinnen-Netzwerks für Frauen in naturwissenschaftlich-technischen Fächern an hessischen Universitäten und Fachhochschulen. Dokumentation einer Fachtagung am 14. Oktober 1997 an der Technischen Universität Darmstadt.

Mentoring für Frauen in der Politik. Informationsmaterialien zur niedersächsischen Kampagne „Mehr Frauen in die Kommunalpolitik". Herausgegeben vom Niedersächsischen Ministerium für Frauen, Arbeit und Soziales. März 2000.

Ministerium für Kultur, Jugend, Familie und Frauen, Rheinland-Pfalz: Politik ist ein Handwerk, und Mentorinnen helfen, es zu erlernen. Mehr Frauen in die Politik! Mainz 2001.

Nitzsche, Isabel: Abenteuer Karriere. Ein Survival-Guide für Frauen. Reinbek (Rowohlt) 2000.

Peters, Sibylle / Norbert Bensel: Frauen und Männer im Management. Diversity in Diskurs und Praxis. Wiesbaden (Gabler) 2000.

Sicilia, David B. / Jeffrey L. Cruikshank: Alan Greenspan. Die Macht der Worte. Rosenheim (TM Börsenverlag) 2000.

Spreckels, Frauke: Ergebnisse der wissenschaftlichen Begleitung zum Modellprojekt MentorinnenNetzwerk für Frauen in naturwissenschaftlich-technischen Fächern an hessischen Universitäten und Fachhochschulen, September 1998 – Dezember 1999.

Wrede, Britt A.: So finden Sie den richtigen Coach. Mit professioneller Unterstützung zu beruflichem und privatem Erfolg. Frankfurt (Campus) 2000

Bücher zum Weiterlesen

Becht, Monika: Smart leadership – mit Persönlichkeit, Mut und Leidenschaft zum Erfolg. Landsberg (moderne industrie) 2002.

Becht, Monika: Reif für den Wechsel. Wie Sie durch Change Management Ihre Berufsträume verwirklichen. Frankfurt/M. (Societäts Verlag) 2000.

Dick, Ulla: Netzwerke und Berufsverbände für Frauen. Ein Handbuch. Reinbek (Rowohlt) 1994.

Harris, Thomas A.: Ich bin o.k, du bist o.k. Eine Einführung in die Transaktionsanalyse. Reinbek (Rowohlt) 1975

Nitzsche, Isabel: Erfolgreich durch Konflikte. Wie Frauen im Job Krisen managen. Reinbek (Rowohlt) 2001.

Petersen, Ulrike (Hrsg.): Mentoring zwischen Universität und Forschung für Informatikerinnen, MUFFIN Abschlussbericht 2001.

Siegel, Dr. Monique R.: Vom Lipstick zum Laptop, Die Frau in der Businesswelt. Zürich (Orell Füssli) 2000.

Wolf, Kirsten: Karriere durch Networking. Erfolgreich Beziehungen knüpfen im Beruf. Niedernhausen (Falken) 1999.

Dank

An erster Stelle möchte ich den „Young Business and Professional Women" danken, der Arbeitsgruppe im BPW für Frauen unter 35 Jahren. Ihre Ideen und ihre Begeisterungsfähigkeit haben mich immer von neuem motiviert, mich mit der Gründung eines Mentoring-Programms speziell für junge Frauen auseinander zu setzen und schließlich ein konkretes Konzept zu entwickeln.

Ganz besonderer Dank gilt auch meinen beiden Mentorinnen Dr. Antoinette Rüegg, 1. Vizepräsidentin des BPW International (von ihr stammt das Vorwort zu diesem Buch) und Gabriella Canonica vom „European Coordinating Committee" des BPW. Beide haben mir durch ihr punktuelles, zielgenaues Mentoring wiederholt die nötige Energie für meine bisherigen Projekte gegeben.

Natürlich soll an dieser Stelle auch denjenigen gedankt werden, die an der Realisierung dieses Buches beteiligt waren: Rooma Para aus Pakistan, von der die Cartoons stammen; Judith Mayer, die für das Lektorat verantwortlich war, und den Frauen, mit denen ich im Vorfeld sprechen konnte: Gisela Bill, Veronica Biong / Norwegen, Kirsti Busch, Karin Drach, Dr. Barbara Gehrke, Dr. Rose Götte / Ministerin a. D. Rheinland-Pfalz, Gabriele Hoffmeister-Schönfelder, Mathilde Müller, Heike Pehling-Negro, Daniela Penkert, Claudia Selle, Margret Tewes und Claudia Weber.

Feedback und Unterstützung beim Schreiben erhielt ich von Monika Becht, Gudrun Bendel, Brigitte und Dieter Heinze sowie Julia Polski. Danke!